Martin Schönleben

HEIMAT. *Das Backbuch*

Insel Verlag

Insel-Bücherei Nr. 2028

HEIMAT. *Das Backbuch*

VERGESSENE SCHMANKERL AUS DEM BACKOFEN

Traditionen können uns Trost spenden. Traditionen muss man nicht hinterfragen. Es wird so gemacht, weil man es immer schon so gemacht hat. Quälende Besserwisser werden mit dem Ausspruch »Da könnt' ja jeder daherkommen!« einfach kaltgestellt.

Immer schon gehörten bestimmte Speisen traditionell zu bestimmten Feiertagen. Manches ist bis heute erhalten geblieben, wie z. B. der Christstollen und die Plätzchen zu Weihnachten, die Krapfen in der Faschingszeit oder die Nudeln an Kirchweih. Das Küchenjahr passte sich den Jahreszeiten an. Aber viele alte Rezepte sind in den letzten Jahrzehnten verloren gegangen.

Früher, als man noch stärker im Brauchtum verhaftet war und noch stärker im Lauf der Jahreszeiten lebte, gehörte zu jedem Jahreszeitenfest auch immer eine bestimmte Speise, ein besonderes Brot oder ein gewisses Gebäck. Manche Brauchtumsgebäcke sind uns bis heute erhalten geblieben, aber viele Traditionsbackwaren sind leider in Vergessenheit geraten. Vor allem in der Fastenzeit gab es viele Spezialitäten, denn weder die Bauern noch die Mönche wollten natürlich auf etwas Genuss verzichten. Also versuchten sie mit dem Erlaubten besonders leckere Speisen herzustellen.

Man kann die Gebäcke oder Brote in zwei Gruppen unterteilen. Erstens die Gebildbrote, die meistens als von Hand geformte Gebäcke definiert werden. Zweitens das Brauchtumsgebäck, welches an einem bestimmten Tag oder zu einem bestimmten Fest gegessen wurde, wobei natürlich die meisten Gebildbrote auch an einem bestimmten Fest verzehrt wurden. Die gebräuchlichsten Motive sind Männlein, Weiblein, Hasen, Hirsche, Wickelkinder, Hähne, Hennen, Osterlämmer, Pferde. Zu diesen Mensch- und Tierformen gesellen sich noch das berühmteste aller Gebildgebäcke, die Breze, und allerlei andere Formen wie Zöpfe, Ringe und Hörnchen.

Warum aber der Begriff Gebildbrot? Eigentlich ganz einfach, weil ja der Bäcker mit einem solchen geformten Gebäck etwas bildlich darzustellen versucht. Die meisten Gebildbrote haben einen kultischen Ursprung, und es gibt einige Brotforscher, die glauben, dass diese oftmals wie Tiere geformten Gebäcke als Ersatz dienten für die in alter Zeit üblichen Tieropfer. Man hat also den Göttern anstatt eines geschlachteten Tieres ein ähnlich geformtes Brot rituell geopfert, um damit die höheren Wesen milde zu stimmen. Dies ist jedoch nur eine mögliche Deutungsweise und wahrscheinlich sind auch viele Gebildbrote so entstanden. Aber man darf nicht unterschätzen, dass wir Menschen immer schon schöpferische Wesen waren, und deshalb gab es immer schon Bäcker, denen die einfache Funktion eines Gebäcks nicht genug war. Und so schufen diese neue Brot- und Gebäckformen. Die besten Vorbilder lieferte schon immer die Natur, und so ist es nicht verwunderlich, dass es viele gebackene Tiere, Menschen und Pflanzen gibt.

Früher war es üblich, dass die Paten an bestimmten Feiertagen ihren Patenkindern Gebildbrote schenkten, aber durch die vielen anderen Süßigkeiten und sonstigen Spielsachen, die heutzutage verschenkt werden, ist kein Platz mehr für diese symbolhaften Gebäcke. Und so haben diese ihren besonderen Charakter verloren.

Kleine Brotfiguren, die uns vor Krankheit und Unheil schützen sollen oder Symbole, in Brot gebacken, die Glück und Fruchtbarkeit heraufbeschwören sollen: Berührt uns dies in unserer säkularisierten Zeit überhaupt noch?

Früher waren die einzelnen Gebäcke auch eine Art Zeitmesser. Sie markierten einen besonderen Termin und stellten eine Art Kalender dar. Durch ihre ständige Wiederkehr bildeten die Brote verlässliche Orientierungspunkte im Jahreslauf. Und das Fest war zu Ende, wenn das Gebäck gegessen war. Ein gutes Beispiel hierfür ist ein Fastengebäck aus Sardinien mit dem Namen »Die Frau mit den sieben Beinen«. Jedes Bein stand für eine Fastenwoche, und am Ende einer jeden Fastenwoche wurde eines abgebrochen und gegessen. Wenn alle Beine verzehrt waren, war auch die siebenwöchige Fastenzeit zu Ende und an Ostern konnte dann der Rest der Figur gegessen werden.

Aber auch das Brauchtum muss mit der Zeit gehen und sich verändern. Es hat ja meistens einen Grund, warum die alten Gebäcke verschwunden sind. Viele alte Gebäcke waren sehr einfach gehalten, was vor allem bei den Spendbroten zu sehen ist. Diese Gebäcke, die an Notleidende verschenkt wurden, hat man mit den billigsten Zutaten gemacht, die auf dem Bauernhof zu finden waren. Man war ja auch noch nicht so verwöhnt wie heute. Ein paar Rosinen machten einen Hefezopf schon zu einem Luxusobjekt.

Zudem spielen viele bäuerliche Feiertage heute praktisch keine Rolle mehr. Schlenklweil ist den meisten kein Begriff mehr. Diese Tage kurz vor Agathe waren für die Dienstboten der einzige Urlaub im Jahr. Auf den Schlenklweil-Märkten konnten sie sich einen neuen Dienstherrn suchen. Auch die Erntezeit spielt für uns Städter überhaupt keine Rolle mehr. Obst und Gemüse wird aus der ganzen Welt herangekarrt und wir haben das ganze Jahr eine unüberschaubare Auswahl. Wozu sich also um irgendwelche Erntetermine kümmern?

Der einzige Grund, die überlieferten Gebäcke neu zu entdecken, ist der, dass es Spaß macht, die Traditionen zu pflegen.

Neujahrsbrezen

Am Silvesterabend wurde zwischen Mitternacht und ein Uhr um die Neujahrsbrezen gewürfelt. Man nannte das »bobbern«. Beim Neujahrs-Bobbern kreiste der Würfelbecher, die gewürfelten Zahlen wurden einfach zusammengezählt. Allerdings zählte eine Eins 100 Punkte und eine Sechs wurde mit 60 Punkten honoriert. Aber Punkt ein Uhr war Schluss. Und wer zu diesem Zeitpunkt die meisten Neujahrsbrezen gewonnen hatte, konnte auch mit dem meisten Glück für das neue Jahr rechnen.

Zutaten

   500 g Weizenmehl (Type 550)
   8 g Salz
   15 g Hefe
   10 g Butter
   280 g Wasser

Für das Dekor

   1 Ei
   Grobes Salz

Aus allen Zutaten knete ich einen schönen geschmeidigen Teig. Diesen gebe ich in eine Schüssel, decke ihn ab und lasse dann den Teig 30 Minuten ruhen. Nun teile ich den Teig in drei gleich schwere Teigstücke (pro Breze 270 g). Aus jedem Teigstück forme ich jetzt eine lange Schlange. Am besten geht dies, wenn ich zuerst

eine kleine Schlange vorlänge. Dann den Teig etwas liegen lassen, damit er sich entspannt, und dann forme ich daraus eine lange Schlange. Daraus wird dann eine Breze geformt und auf ein mit Backpapier ausgelegtes Blech gelegt. Anschließend verquirle ich ein Ei und streiche die Brezen damit ein. Zuletzt bestreue ich sie noch mit grobem Salz. Abgedeckt lasse ich die Neujahrsbrezen noch etwas aufgehen. Wenn sie sich im Volumen etwa verdreifacht haben, schiebe ich sie in den vorgeheizten Ofen. Bei 210° backe ich sie in 15-20 Minuten goldbraun. Nach 3 Minuten schalte ich die Ofentemperatur auf 195° zurück.

5. JANUAR
Glöckltag

Die Nacht vom 5. auf den 6. Januar galt früher als eine der Hauptrauhnächte. Die Perchta trieb ihr Unwesen, aber auch die Glöckler zogen von Haus, zu Haus um zu »klocken«, also anzuklopfen. Sie sagten dann ihr Sprüchlein auf:

Bit gar schee um an Glöcklkrapfn
Lassts mi nit im Schnee umstapfen
Gebts ma oan oder zwen
Dann kenna ma glei wieder gehen.

Sie bekamen dann einen oder mehrere Krapfen und zogen weiter zum nächsten Hof. Dabei trugen die Glöckler meistens ein weißes Gewand. Mit diesem Gewand soll es folgende Bewandtnis haben: Da der Obrigkeit und der Kirche diese Bittgänge ein Dorn im Auge waren, wurden Polizisten losgeschickt, um dem Treiben ein Ende zu bereiten. Mit den weißen Gewändern konnten sich die Glöckler im Schnee besser verstecken.

Im Tennengau (Salzburger Land) bäckt man am 5. Januar Rohrnudeln. Sie heißen dann Perchtnudeln. Die Reste lässt man auf dem Tisch stehen, und die Esslöffel lehnt man an die Milchschüssel. Denn in der Nacht geht die Percht mit den jungen Perchten, den »Hudlwuchei«, um. Wenn man ihnen etwas Feines zum Essen herrichtet, ist man gegen ihre Unbill geschützt. Natürlich hat man die Perchtnudeln auch gerne mit Marmelade, Kompott oder Früchten gefüllt.

Perchtnudeln

Zutaten für 11 Stück

- 340 g Weizenmehl
- 50 g Butter
- 60 g Quark
- 15 g Zucker
- 4 g Salz
- 10 g Hefe
- 100 g Eier (2 Stück)
- 40 g Eigelb (2 Stück)
- 80 g lauwarme Milch
- ½ TL abgeriebene Zitronenschale
- Butter zum Fetten der Formen

Für das Dekor

- 100 g Aprikosenmarmelade
- 50 g Fondant

Ich gebe alle Zutaten für den Hefeteig in eine Schüssel und knete dann so lange, bis ein schöner, glatter, weicher Hefeteig entstanden ist. Jetzt muss man den Teig abdecken, damit sich keine Haut bilden kann. An einem warmen Ort lasse ich jetzt die Hefe arbeiten und richte in der Zwischenzeit meine Reinen her. In alle streiche ich ziemlich dick Butter. Hier sollte man nicht sparsam sein, denn Knausrigkeit macht sich nachher beim Geschmack bemerkbar. Nach 20-30 Minuten wiege ich meinen Teig in 65 g schwere Stücke ab und forme sie dann zu runden Rohrnudeln. Diese lege ich in meine vorbereiteten Reinen, decke sie ab und stelle meine Rohrnudeln an einen warmen Ort. Wenn sich die Nudeln im Volumen ungefähr verdreifacht haben, müssen sie ins vorgeheizte Backrohr. Bei 190° C (Umluft) sind sie nach etwa 40-50 Minuten

goldbraun und dürfen den Ofen verlassen. Nach dem Abkühlen stürze ich sie aus der Form. Wer will, kann sie noch mit heißer Aprikosenmarmelade bepinseln und anschließend mit warmem Fondant (40° C) überziehen.

6. JANUAR
Dreikönig

Dreikönigskuchen werden in vielen Gegenden gegessen. Es gibt sie in unzähligen verschiedenen Formen: Reiskuchen, Hefekuchen, Torten, Fladen oder Apfelkuchen. Wichtig ist bei diesen Kuchen, die am Dreikönigstag gegessen werden, jedoch die mitgebackene Bohne. Wer die Bohne in seinem Stück entdeckt, der wird zum Bohnenkönig gekrönt und darf natürlich den ganzen Tag befehlen. Feierlich wird der König oder die Königin mit einer Krone und einem Kuss gekrönt. Nun darf er oder sie sich seinen Gemahl oder seine Gemahlin aussuchen. Die ganze Familie muss an diesem Tag machen, was sich der Bohnenkönig wünscht. Die Erwachsenen begnügen sich meistens mit einem schönen Abendessen. Wird jedoch ein Kind der Bohnenkönig, so genießt es die ungewohnte Macht schon etwas ausgiebiger. Der Nachmittag wird zum Spielefest ernannt und der König und seine Königin bestimmen welche Spiele gespielt werden. Oder die Eltern müssen ihr schon lange gegebenes Versprechen eines Zoo- oder Kinobesuchs endlich einlösen. Und beim Abendessen, bei dem natürlich des Königs Leibspeise serviert wird, wird der König auf einen besonders schön geschmückten Stuhl – seinen Thron – gesetzt. Sodann werden gereimte Lobreden auf die Güte und Weisheit des Herrschers gehalten. Natürlich hält auch der König, bevor er sich seiner Lieblingsspeise widmen kann, eine Rede für sein Gesinde und bedankt sich bei seinen Untertanen.

Aber vorher backen wir den Königskuchen mit reiner Butter und feinen Rosinen, und in einem Außenstück haben wir eine Bohne versteckt, die zur Königswürde berechtigt. Denn nur dann können wir auch einen Bohnenkönig wählen.

Dreikönigskuchen

Zutaten für 3 Stück

500 g Weizenmehl
40 g Hefe
50 g Zucker
50 g Butter
7 g Salz
200 g lauwarme Milch
40 g Eigelb (2 Stück)
100 g Eier (2 Stück)
etwas abgeriebene Zitronenschale
Vanille
100 g Rosinen
Bohnen
Ei
gehobelte Mandeln

Alle Zutaten außer den Rosinen und den Bohnen knete ich so lange, bis der Teig schön glatt ist und Blasen schlägt. Dann kommen die Rosinen dazu. Anschließend decke ich den Teig ab und stelle ihn für eine halbe Stunde auf die Seite. Pro Königskuchen forme ich jetzt sieben kleinere Kugeln (à 35 g) und eine etwa dreimal so große Kugel (100 g). Die große Teigkugel wird nun in die Mitte eines mit Backpapier ausgelegten Backblechs gelegt und die sieben kleineren Teigstücke rundherum platziert. Zuvor habe ich jedoch noch in einem der Teigstücke die Bohne versteckt. Nun verquirle ich ein Ei und streiche damit meine Königskuchen ein. Anschließend streue ich noch ein paar gehobelte Mandeln drüber. Nun müssen sie nur noch schön aufgehen. Ein warmer Platz ist hilfreich, dann fühlt sich die Hefe schön wohl. Wenn sich die Königskuchen in ihrem Volumen etwa verdreifacht haben, schiebe ich

sie in den vorgeheizten Ofen. Bei 190° C (Umluft) brauchen sie etwa 20-30 Minuten.

MUTSCHELTAG

Am Donnerstag nach dem 6. Januar ist in Reutlingen der Mutscheltag. Es gibt immer noch Bäckereien, die nach altem Brauch an diesem Tag die sogenannten Mutscheln backen. Es gibt sie in unterschiedlichen Größen, und eine große, schön und aufwändig verzierte Mutschel wird Königsmutschel genannt. Mutscheln waren vermutlich einst Opfergaben; es wird erzählt, dass die Kelten dahinterstecken sollen. Nach einer Sage soll die Mutschel den Stern der Weisen aus dem Morgenland darstellen.

Das Mutscheln hat in Reutlingen eine sehr lange Tradition: Schon vor mehreren hundert Jahren wurde in den Wirtshäusern um die Mutschel gezockt. Heutzutage wird dieser Brauch nur noch in den Familien gepflegt, aber es gibt auch noch ein paar Wirtschaften in Reutlingen, in denen nach alter Sitte um die Mutscheln gewürfelt wird. Merkwürdige Würfelspiele mit seltsamen Namen gibt es hier: »Der Wächter bläst vom Turme«, »Die einsame Filzlaus«, »Der lange Entenschiss« oder »Das nackerte Luiserl«.

Damit auch Sie um Ihre Mutschel würfeln können, habe ich hier die Regeln für einige der Würfelspiele aufgeschrieben:

»Der lange Entenschiss«

Gespielt wird mit drei Würfeln. Es gelten nur die Würfe, bei denen gleichzeitig die Augen 1, 2 und 3 enthalten sind. Jeder, der dies nicht schafft, bekommt einen Strich. Vorher wird ausgemacht, wie viele Runden gespielt werden. Am Ende ist derjenige Sieger, der am wenigsten Striche hat. Dieser bekommt dann die Mutschel als Preis.

»Der Wächter bläst vom Turme«

Man braucht 3 Würfel und einen Würfelbecher. 2 Würfel legt man
in den Becher und würfelt, so dass die Würfel verdeckt unter dem
Becher liegen. Den dritten Würfel legt man oben auf den Becher-
rand und bläst diesen dann vom Turme. Nun werden die im Becher gewürfelten Werte zusammengezählt und mit der geblasenen
Würfelzahl multipliziert. Derjenige mit der niedrigsten Zahl erhält
einen Strich. Gewinner ist, wer am wenigsten Striche hat.

»Das nackerte Luiserl«

Hierbei muss man mit drei Würfeln die Zahlen von 1 bis 10 erwür-
feln und aufschreiben. Anschließend muss man jede Zahl wie-

der »löschen«. Es gilt jede Zahl, die sich durch beliebiges Zusammenzählen ergibt. Würfelt man zum Beispiel 1, 3 und 4, ergeben sich die Zahlen: 1, 3, 4, 5, 7 und 8. Aus 4, 5 und 6 ergibt sich 4, 5, 6, 9, 10. Auf dieselbe Weise wird anschließend rückwärts gelöscht. Die Zahl 10 jedoch muss zweimal geworfen werden. Wer zuletzt fertig ist, erhält einen Strich. Gewonnen hat, wer am wenigsten Striche hat.

Mutscheln

Zutaten für 10 kleine Mutscheln

500 g Weizenmehl
40 g Hefe
50 g Zucker
150 g Butter
7 g Salz
200 g lauwarme Milch
40 g Eigelb (2 Stück)
100 g Vollei (2 Stück)
abgeriebene Zitronenschale, Vanille
Ei zum Bestreichen

Aus allen Zutaten knete ich einen schönen geschmeidigen Teig. Diesen gebe ich in eine Schüssel, decke ihn ab und lasse ihn etwa 30 Minuten ruhen. Anschließend wiege ich zehn etwa 30 g schwere Teigstücke ab. Aus diesen forme ich runde Kugeln und lege sie auf ein mit Backpapier ausgelegtes Blech. Nun rolle ich meinen restlichen Hefeteig etwa 4 mm dick aus und steche mit einem Blütenausstecher schöne Mutscheln aus. Diese lege ich oben auf die runden Teigstücke und drücke sie ein wenig an. Dann streiche ich alle Mutscheln mit verquirltem Ei ein und lasse die Hefe ar-

beiten, damit die Mutscheln schön aufgehen. Will ich eine Königsmutschel machen, schneide ich eine größere Blüte aus meinem
Hefeteig und verziere diese dann noch mit etwas Teig. Wenn die
Mutscheln ihr Volumen etwa verdreifacht haben, backe ich sie im
vorgeheizten Ofen bei 190° C in etwa 14-17 Minuten goldbraun.
Eine Königsmutschel muss natürlich je nach Größe entsprechend
länger im Ofen ausharren.

20. JANUAR
Sebastiani

Der heilige Sebastian soll angeblich in Narbonne (im heutigen Frankreich) geboren und in Mailand aufgewachsen sein. Sein genaues Geburtsdatum ist unbekannt, das Todesjahr wird mit 288 n. Chr. angegeben. Viele Legenden ranken sich um ihn und sein Leben und Wirken. Er gilt als Schutzheiliger gegen die Pest und andere Epidemien und ist auch Patron zahlreicher Bruderschaften und Handwerkerzünfte.

Sein Gedenktag ist der 20. Januar. An diesem Tag werden die Sebasti-Brezen gebacken, das sind leckere Schokoplunderbrezen, in die noch ein wenig Nüsse und Mandeln eingerollt werden, aber auch andere Spezialitäten wie die Sebasti-Ringe – ein Mürbeteiggebäck mit Marmeladefüllung und einem Schokoüberzug – oder die »Bamberger Sebastianiringe«, ein leckeres Schmalzgebäck, das aus einem Hefeteig mit aromatischen Gewürzen und Rosinen besteht.

Früher, als das Brezenbacken im Wesentlichen noch auf die Fastenzeit beschränkt war, durfte frühestens an Sebastiani mit dem Brezenbacken begonnen werden. In Traunstein wurde das Brezenbacken am 20. Januar eingeleitet mit dem traditionellen Brezentanz, den die Bäcker in ihrer Zunftherberge aufführten. Am Sebastianitag stellten an vielen Orten die Brezenhändler auch einen Brezenbaum auf. Die Sebastianibrezen sollten gegen die Pest schützen und das Vieh vor Krankheit bewahren.

Sebasti-Brezen

Zutaten
Hefeteig:
500 g Mehl
200 g Milch
40 g Hefe
50 g Eier (1 Stück)
75 g Zucker
75 g Butter
7 g Salz
1 Prise Vanille
etwas abgeriebene Zitronenschale

Einrollbutter
350 g Butter
50 g Mehl

Schokobutterteig
150 g Zucker
300 g Butter
450 g Mehl
30 g Kakaopulver
120 g Eigelb (6 Stück)
3 g Backpulver
2 g Vanille
2 g abgeriebene Zitronenschale
Eier
gehobelte Mandeln
geriebene Haselnüsse
Aprikosenmarmelade
Fondant

Alle Hefeteigzutaten verknete ich zu einem glatten Teig, forme eine Kugel und schneide sie über Kreuz ein. Ich decke meinen Teig ab und stelle ihn kalt, damit er sich ein bisschen ausruhen kann. Dann verknete ich Butter und Mehl und forme daraus eine flache Platte, die ebenfalls im Kühlschrank kalt gestellt wird. Jetzt rolle ich meinen Teig ein bisschen aus und schlage die Einrollbutter in den Teig ein. Dann rolle ich den Teig wieder aus und gebe zuerst eine doppelte Tour, das heißt beide Teigenden zur Mitte hin einschlagen und anschließend das Ganze noch einmal übereinanderschlagen. Je nach Festigkeit der Butter kann ich jetzt gleich noch einmal ausrollen und dem Teig noch eine doppelte Tour geben. Wenn die Butter schon zu weich geworden ist, muss ich den Teig erst wieder kalt stellen.

Diese Prozedur wiederhole ich noch einmal, bis der Plunderteig drei doppelte Touren hat. Nun noch einmal für 20 Minuten kalt stellen. In der Zwischenzeit richte ich den Schokomürbeteig her. Hierzu verknete ich Zucker, Butter und Gewürze. Dann knete ich die Eigelbe nach und nach unter. Anschließend siebe ich Mehl, Kakaopulver und Backpulver und knete es unter die Buttermasse. Diesen Schokobutterteig wickle ich in Folie und stelle ihn kalt. Am besten ins Gefrierfach, damit ich nicht so lange warten muss. Nun rolle ich den Plunderteig etwa 2 mm dick aus. Er sollte etwa 50 cm breit sein. Hier muss ich immer wieder mehlen, damit der Teig nicht anklebt. Jetzt verquirle ich das Ei mit etwas Wasser und streiche den Teig damit ein. Dann rolle ich den Schokobutterteig aus. Er sollte etwa halb so groß wie der Plunderteig sein. Nun lege ich den Butterteig auf die eine Seite des Plunderteiges und bestreiche ihn ebenfalls mit der Eistreiche. Den restlichen Plunderteig lege ich darüber. Wieder bestreiche ich die Oberseite mit Eistreiche und streue gehobelte Mandeln und geriebene Haselnüsse drauf. Anschließend schneide ich meinen Teig in 2 cm dicke Stangen. Diese drehe ich gegeneinander ein und forme dann eine Breze. Alle meine Sebasti-Brezen lege ich auf ein mit Backpapier ausgelegtes Backblech. Etwa 20 Minuten müssen sie nun an einem warmen Ort gehen, bevor ich sie im vorgeheizten Ofen bei 210° C goldbraun backen kann. Sie brauchen 15-18 Minuten. Nach etwa 5 Minuten schalte ich den Ofen auf 190° C zurück. Nach dem Backen bestreiche ich sie noch mit heißer Aprikosenmarmelade und glasiere sie mit angewärmtem Fondant.

25. JANUAR
Vogelhochzeit an Sankt Pauli Bekehrung

Am 25. Januar feiern die Sorben die sogenannte Vogelhochzeit. Die erste Hälfte des Winters ist vorbei, und in der Hoffnung auf den nahen Frühling werden kleine Vögel gebacken, immer zwei zusammen. Den Kindern wird erzählt, dass am 25. Januar die Vögel Hochzeit feiern. Die Kinder können am Vorabend einen Teller vor die Türe stellen, und am nächsten Tag finden die braven Sprösslinge ein gebackenes Vogelpärchen darauf vor.

Alle Ledigen müssen an diesem Tag aufpassen. Sehen sie im Laufe des Tages zuerst ein Vogelpärchen, dann ist eine Hochzeit unvermeidlich. Fällt jedoch der erste Blick auf einen einzelnen Singvogel, dann muss Mann oder Frau noch ein Jahr warten.

Vögelchen

Zutaten für 15 Stück

500 g Weizenmehl
40 g Hefe
50 g Zucker
50 g Butter
7 g Salz
200 g Milch
40 g Eigelb (2 Stück)
100 g Vollei (2 Stück)
abgeriebene Zitronenschale, Vanille
Rosinen für die Augen

Aus allen Zutaten knete ich einen glatten, mittelweichen Hefeteig. Anschließend gebe ich meinen Teig in eine Schüssel und decke ihn ab. So lasse ich meinen Hefeteig 20 Minuten ruhen, damit sich die Hefe entfalten kann. Dann schlage ich den Teig zusammen, und forme daraus 50 g schwere runde Semmelchen.

Aus jeder Semmel rolle ich eine 10 cm lange Schlange. In jede Schlange mache ich einen Knoten. In das eine Ende drücke ich zwei Rosinen für die Augen. Das andere Ende schneide ich mit einer Schere ein, damit es wie ein Schwanzflügel aussieht. Alle Vögelchen lege ich auf ein mit Backpapier ausgelegtes Backblech und streiche sie mit verquirltem Ei ein. Jetzt werden sie schön abgedeckt und 30 Minuten an einem warmen Ort gehen gelassen. Der Teig muss sein Volumen verdreifacht haben. Nun bei 185° C etwa 15-20 Minuten, je nach Größe der Vögelchen, goldbraun backen.

2. FEBRUAR
Mariä Lichtmess

An Mariä Lichtmess ist der Tag schon eine Stunde länger. Bis etwa 1912 war der Tag nach Lichtmess ein großer Feiertag für die Bauern, später fiel dieser Feiertag, wie manch anderer, einer Reform zum Opfer. Trotzdem bleibt Lichtmess eines unserer ältesten Marienfeste. Es erinnert an den Besuch Marias mit dem Jesuskind im Tempel von Jerusalem. Nach dem jüdischen Glauben ging eine Mutter 40 Tage nach der Geburt eines Kindes in den Tempel zur Reinigungszeremonie.

Die katholische Kirche feiert Mariä Lichtmess 40 Tage nach Weihnachten. An diesem Tag wurden in den Kirchen alle Kerzen geweiht, die man im Laufe eines Jahres benötigt. Diese Lichter standen auch für einen Zeitenwechsel, die Winterarbeiten wurden eingestellt, man bereitete sich auf das Frühjahr vor.

Außerdem beginnt an Lichtmess die sogenannte Schlenklweil, das vertraglich abgesicherte Nichtstun der Dienstboten, das an Agatha (5. Februar) endete. Es war meistens der einzige Urlaub, der im Jahr gewährt wurde.

An Lichtmess wurde auch entschieden, ob eine neue Stelle angetreten werden musste. Per Handschlag wurde entweder ein neuer Arbeitsvertrag geschlossen oder die Mägde und Knechte zogen zu einem anderen Bauern. In einigen bayerischen Gebieten gab es sogar sogenannte Schlenklmärkte. Dort konnten die Knechte und Mägde sich einen neuen Dienstherrn suchen, wenn sie mit dem bisherigen unzufrieden waren. Diese drei Tage wurden vom

Gesinde ausgiebig zum Feiern genutzt. Aber am 5. Februar, am Tag der heiligen Agatha, kehrte der Alltag wieder ein.

Bis Lichtmess musste außerdem das letzte Getreide gedroschen sein, da ja danach das Gesinde weg war. Und damit »da Woazn ned brandig wird«, wurden zahlreiche Krapfen gebacken. Die Drescher nahmen ein paar Holzprügel, das sogenannte »Krapfaholz«, und schlugen beim letzten Dreschen mit lautem Gepolter darauf ein. Dieser Krawall sollte die Bäuerin daran erinnern, dass es Zeit wurde, den Teig zuzubereiten. Anschließend wurde einer der Knechte in Frauenkleider gesteckt; er musste unbemerkt in die Küche gehen, das Krapfaholz in den Herd legen und anschließend anzünden. Dann endlich konnte die Bäuerin mit dem Backen der Schmalznudeln beginnen. Vorher wurde jedoch noch ein Sprücherl aufgesagt:

Das Krapfaholz, das liegt am Herd,
d' Bäuerin wird wissen, was den Dreschern g'hert;
a Reiter voll Krapfa, a Plutzer voll Wein,
da kennan die Drescher brav lustig sein.

Und der Bäuerin blieb nichts anderes übrig, als ein besonderes Abendessen für alle zuzubereiten. Wahrscheinlich wollte man sich den scheidenden Bediensteten in guter Erinnerung erhalten. Aber nach einer alten Bauernregel: »Iss Lichtmess kein Fleisch, wenn du gesund bleiben willst!« war Fleisch an diesem Tag verboten. Trotzdem musste man aus dem Erlaubten natürlich trotzdem etwas Köstliches zaubern. So entstanden viele traditionelle Mehlspeisen z. B. Schoadlrocka, Drischlegkrapfen und Schlenklweilnudeln.

Schoadlrocka

Zutaten für eine Reine (25 cm × 35 cm)

8 Äpfel
etwa 7 Semmeln vom Vortag
90 g Rumrosinen (Rosinen in Rum eingeweicht)
etwas Zitronensaft

Guss

1400 g Milch
900 g Eier (18 Stück)
375 g Zucker
50 g Maisstärke
Mark einer halben Vanilleschote
etwas abgeriebene Zitronenschale

Zuerst hole ich mir meine Reine und schmiere sie schön mit Butter aus. Dann schneide ich die Semmeln in dünne Scheiben. Die Äpfel werden geschält, entkernt und dann in Scheiben geschnitten. Damit sie nicht braun werden, träufle ich etwas Zitronensaft darüber. Jetzt geht's ans Einschichten. Zuerst bedecke ich den Boden der Reine ganz mit Semmelscheiben. Dann kommt eine Schicht Apfelscheiben. Die Äpfel werden mit den Rumrosinen bestreut. Nun lege ich wieder eine Schicht Semmelscheiben ein. Abgeschlossen wird mein Schoadlrocka mit einer Schicht Apfelscheiben. Für den Guss rühre ich jetzt einfach alle Zutaten zusammen und gieße sie über die geschichteten Semmeln und Äpfel. Im vorgeheizten Ofen bei 180° C muss der Schoadlrocka nun für eine Stunde ausharren. Wenn er eine schöne goldbraune Farbe hat und fest geworden ist, darf er den Ofen verlassen. Nach dem Backen bestäube ich ihn noch mit etwas Puderzucker. Am besten genießt man den Schoadlrocka, solange er noch warm ist.

5. FEBRUAR
Sankt Agatha

Die heilige Agatha stammte aus Sizilien. Sie ist eine der großen christlichen Märtyrerinnen.

Agatha ist ein griechischer Name und bedeutet die Gute oder die Sanfte. Deshalb ist sie die Helferin in vielerlei Nöten. Unter anderem gilt die heilige Agatha als Hüterin des Brotes. An ihrem Tag wurde früher das Agathenbrot gebacken. Üblich waren eher kleinere Brote, also eher ein semmelartiges Gebäck. Diese kleinen Brote brachte man in die Kirche und ließ sie weihen. Vor allem in München war es üblich, Lichter, Wasser und Agathenbrote in die Kirche zum Segnen zu bringen. Diese gesegneten Brote wurden Agathenstriezel genannt. Anschließend verteilte man die geweihten Brote an Kinder, Alte und Kranke. Früher kam an diesem Tag sogar der Pfarrer in die Bäckereien, um das Brot zu segnen. Feierlich gekleidet erschien er mit seinen Ministranten und weihte den Backofen und die frisch gebackenen Brote. Es wird Zeit, diesen Brauch wiederaufleben zu lassen und deshalb ein paar »Agathenringe« zu backen. Die geweihten Agathenstriezel sind sehr begehrt, denn sie verderben nicht. Sollte der Striezel doch einmal schimmeln, braute sich Unheil über dem Haus zusammen, denn das kündigte den Tod an.

Der Agatharing

Ein einfacher Hefeteig, daraus wird ein 3-Strang-Zopf geflochten. Dieser wird zu einem Kranz gelegt, mit Eierstreiche bestrichen und gebacken.

Die meisten Agatharinge wurden allerdings gar nicht gegessen, sondern aufbewahrt. Man hängte sie in der Nähe des Hauseingangs auf, dort sollten sie ihre Schutzfunktion wahrnehmen. Im nächsten Jahr wurde dann ein neuer Agatharing aufgehängt. Den alten Ring durfte man jedoch nicht einfach wegwerfen, sondern er musste feierlich, als Opfergabe, dem reinigenden Feuer übergeben werden.

Zutaten für 3 Agatharinge

450 g Weizenmehl (Type 550)

50 g Roggenmehl (Type 997)

250 g lauwarme Milch

50 g Ei (1 Stück)

40 g Eigelb (2 Stück)

7 g Salz

40 g Butter

20 g Zucker

20 g Hefe

etwas abgeriebene Zitronenschale

3 g Kardamom

Alle Zutaten gebe ich in eine Schüssel und knete so lange, bis ein geschmeidiger Teig entsteht. Dann decke ich ihn ab und lasse die Hefe eine halbe Stunde arbeiten. Anschließend schlage ich den Teig zusammen und wiege neun etwa gleich schwere Teigstücke von je 110 g ab. Daraus forme ich runde Teile und rolle sie zu Schlangen. Aus je drei gleich langen Schlangen flechte ich jeweils einen Dreistrangzopf. Alle meine Zöpfe forme ich zu runden Kränzen und lege sie auf ein mit Backpapier belegtes Blech. Dann lasse ich sie etwa 30 Minuten gehen. Wenn die Kränze ihr Volumen etwa verdreifacht haben, backe ich sie bei 180° C in etwa 15-18 Minuten goldbraun. Nach dem Auskühlen verziere ich die

Kränze mit einem Band und einer Schleife. Jetzt muss ich mir nur
noch überlegen, ob ich sie im Haus aufhänge oder lieber zum
Frühstück mit Butter und Marmelade esse. Wer will, kann natürlich auch kleine Agatharinge machen. Für die Miniringe nehme
ich 30 g pro Strang.

FASCHINGSZEIT
Schmalznudeln

Bei vielen Gebäcken oder Mehlspeisen, wie der Österreicher sagt, beansprucht unser Nachbarland die Urheberschaft. Den Kaiserschmarrn, die Croissants und natürlich auch die Krapfen sollen in Österreich das erste Mal gebacken worden sein. Aber natürlich kommt der Krapfen, der eigentlich Berliner heißt, aus unserer Hauptstadt. Schließlich wurde er ja auch danach benannt. Die Berliner selbst nennen ihre Krapfen bekanntermaßen Pfannkuchen. Aber nach einer alten Legende haben wir diese kugelrunden Gesellen einem Berliner zu verdanken.

Genauer gesagt, gebührt einem Berliner Zuckerbäcker die Ehre, den ersten Krapfen kreiert zu haben. Es gibt sogar eine genaue Jahreszahl für die Erfindung des ersten Berliners, nämlich 1750. In diesem Jahr sollte ein Berliner Konditor als Kanonier in die preußische Armee eingezogen werden. Aber er wurde als untauglich eingestuft und durfte deshalb als Feldbäcker beim Regiment Friedrichs des Großen dienen. Darüber war er so erfreut, dass er aus Hefeteig kleine Kanonenkugeln formte, die er im heißen Fett über dem offenen Feuer backte. Und über die Eroberungsfeldzüge der preußischen Armee verteilten sich diese ganz und gar pazifistischen Kanonenkugeln in ganz Deutschland.

Die eigentlichen Krapfen aber gibt es mindestens seit 1350. In der Würzburg-Münchener Handschrift, einem Rezeptbuch von 1350 mit dem Titel *Das Buch von guter Speise* habe ich ein Krapfenrezept gefunden. Dort steht wörtlich geschrieben:

Einen krapfen
So du wilt einen vasten Krapfen machen
so nim nu:ezze vnd stoz
sie in einem mörser
vnd nim epfele als vil
vnd snide sie drin
wu:erfeleht
vnd menge sie mit wu:ertzen,
wellerley sie sin,
vnd fu:elle daz in die krapfen.
vnd lege sie in ein pfannen
vnd la sie backen.

Ich habe dieses alte Rezept in meiner Backstube ausprobiert und ich muss sagen, dass diese Krapfen wirklich äußerst lecker schmecken. Vielleicht haben Sie fast nichts verstanden, als Sie dieses Rezept gelesen haben, aber das macht gar nichts, denn ich präsentiere Ihnen hier eine moderne Version dieses traditionellen Rezeptes.

Nusskrapfen

Krapfenteig

500 g Weizenmehl
40 g Hefe
50 g Zucker
50 g Butter
7 g Salz
200 g lauwarme Milch
40 g Eigelb (2 Stück)
100 g Eier (2 Stück)
abgeriebene Zitronenschale, Vanille, Macis (Muskatblüte)

Füllung

300 g Äpfel, fein gehackt
150 g geriebene geröstete Haselnüsse
50 g Zucker
50 g Honig
2 g Zimt
2 g abgeriebene Zitronenschale

Zuerst knete ich aus Mehl, Hefe, Zucker, Butter, Salz, Milch, Eigelb, Eiern und den Gewürzen einen schönen Hefeteig. Dieser muss sich nun etwas ausruhen, also gebe ich ihn in eine Schüssel und decke den Teig mit einem Tuch ab. In der Zwischenzeit bereite ich die Füllung vor. Dazu schäle und entkerne ich die Äpfel und schneide sie in kleine Würfel. Nun kommen die geriebenen gerösteten Haselnüsse, der Zucker, der Honig und die Gewürze dazu. Dies wird nun gut vermischt. In der Zwischenzeit ist mein Krapfenteig hoffentlich schön aufgegangen, und ich kann ihn aus der Schüssel nehmen und noch einmal kurz durchkneten. Nun nehme ich etwas Teig und forme eine lange Schlange. Von dieser steche ich dann gleichmäßige Teigstückchen ab. Diese werden nun mit Mehl länglich ausgerollt. Die Ränder bestreiche ich mit etwas Ei, damit sie beim Backen nicht aufgehen, und dann gebe ich auf jedes Teigteilchen einen Klecks von der leckeren Apfel-Nuss-Füllung. Rasch zusammengeklappt und die Ränder angedrückt. Jetzt sind unsere historischen Krapfen eigentlich schon fast fertig und müssen nur noch auf beiden Seiten goldbraun gebacken werden. Zuvor lege ich sie jedoch noch auf ein gut bemehltes Brett und decke sie mit einem Tuch ab, damit sie keine Haut bekommen. Nun muss die Hefe für uns arbeiten, und wir können uns in der Zwischenzeit überlegen, wer in unserer Familie die meisten der Apfel-Nuss-Krapfen essen darf. Ich plädiere ja immer dafür, dass der, der die meiste Arbeit hat, auch als Erster zulangen darf. Aber

inzwischen hat die Hefe ganze Arbeit geleistet, und die Krapfen sind schön aufgegangen und wir können sie im heißen Schmalz ausbacken. Nach dem Backen lasse ich sie auf Küchenkrepp etwas abtropfen und wälze sie dann in Zimtzucker. Und wenn sich im ganzen Haus der Duft von frisch gebackenen Schmalznudeln verbreitet, dann müssen wir auf die großen und kleinen Leckermäuler mit Sicherheit nicht lange warten.

Die Volkskundler wollen nachweisen, dass die sogenannten Faschings-Siedegebäcke schon 2000 Jahre alt sind. Diese krapfenartigen Süßspeisen galten als Fruchtbarkeitssymbole, zudem war es schon immer Brauch, vor der Fastenzeit noch einmal besonders üppig zu schlemmen. Schon die Römer kannten Fett-Siedegebäcke, wovon sogar ein Rezept überliefert ist. In diesem Rezept, das auf 140 vor Christus datiert wird, wurde ein breiartiger Teig aus Speltmehl und geronnener Milch zu kleinen Bällchen geformt und anschließend im heißen Fett gebacken. Nach mehrmaligem

Wenden wurden sie mit Honig bestrichen und mit Mohn bestreut. bevor sie noch heiß serviert und gegessen wurden. »Globuli« (Kügelchen) nannten die Römer diese Vorläufer der Krapfen.

Der Name Krapfen stammt wahrscheinlich von dem althochdeutschen Wort »Chrapho« oder »Kraphun« ab, was eigentlich Kralle bedeutet. Daraus schließen die Kulturforscher, dass der Krapfen ursprünglich gar nicht rund gewesen ist, sondern eine krallenartige längliche Form hatte.

Spaßvögel oder gebackene Mäuse

Nachdem im Fasching überall die Spaßvögel herausgelassen werden, liegt es natürlich nahe auch ein paar Spaßvögel im heißen Fett zu backen. Dieses Faschingsgebäck war früher deshalb beliebt, weil es unkompliziert in der Herstellung ist und trotzdem extrem lecker schmeckt. Alle, die normalerweise etwas Angst vor Hefeteigen haben, sollten einmal dieses Rezept ausprobieren. Dadurch, dass man die Spaßvögel einfach absticht, muss man sich um die Formgebung keine Gedanken machen, denn die obskuren Gestalten, die sich im heißen Fett bilden, gehören maßgeblich zum Spaßfaktor bei diesem Faschingsgebäck. Wenn jetzt jemand fragt, ob man die auch mit Backpulver machen kann, dann muss ich das mit einem eindeutigen Ja beantworten. Aber ich möchte zu bedenken geben, dass es dann nur halb so viel Spaß bereitet.

Spaßvögelteig
    250 g Weizenmehl (Type 550)
    250 g Quark
    150 g Eier (3 Stück)
    60 g Eigelb (3 Stück)

3 g Salz
15 g Zucker
15 g Hefe
etwas abgeriebene Zitronenschale
6 g Rum (1 EL)
100 g in Rum eingelegte Rosinen

Alle Zutaten außer den Rosinen in eine Schüssel geben und mit
einem Kochlöffel so lange schlagen, bis sich ein glatter, weicher
Teig gebildet hat, dann die Rosinen dazugeben. Jetzt lasse ich
den Teig an einem warmen Ort gehen. Nach einer halben Stunde
sollte er sein Volumen mindestens verdoppelt haben. Dann mit
einem Löffel, den ich in Fett tauche, damit der Teig nicht anklebt,
die Nockerl abstechen. Die Nockerl dürfen sofort ins heiße Fett.
Dort müssen sie ausharren, bis sie auf beiden Seiten schön goldbraun gebacken sind. Dann hole ich sie mit einem Schaumlöffel
heraus und lasse sie auf Küchenkrepp abtropfen. Anschließend

wälze ich sie in Zucker oder bestäube meine Spaßvögel mit Puderzucker.

Mein Rezept ergibt lockere, luftige, fluffige Spaßvögel. Früher hat man dazu einen Kletzentauch d. h. ein Kompott aus Dörrbirnen oder -zwetschgen, serviert. Aber ich glaube, das passt nicht mehr so richtig in unsere Zeit, deshalb empfehle ich Kirschkompott oder Apfelmus zum Eintauchen.

Appenzeller Schinkenkugeln

Soulfood vom Feinsten. Wärmt nicht nur die Seele, sondern auch den Bauch. Wenn man diese Kugeln noch warm aus dem Fett isst, dann braucht man nichts dazu. Außer vielleicht ein Glaserl Wein oder ein kühles Bier. Jedenfalls ist eines klar, so muss Soulfood sein. Unkompliziert in der Herstellung und ein Gaumenschmeichler. Man kann es auch ganz einfach variieren: z. B. statt Schinken Speck nehmen oder Salami oder einfach eine andere Wurst. Statt Essiggurken Oliven. Zwiebeln raus, Zucchini rein. Statt Schnittlauch Petersilie usw. Der Fantasie ist hier wahrlich keine Grenze gesetzt.

Aber jetzt noch die wichtigste Frage: Warum heißen diese herzhaften Kugeln eigentlich Appenzeller Schinkenkugeln? Nein, nicht etwa weil sie etwa aus dem Appenzell kommen, sondern weil man einen würzigen Appenzeller Käse verwendet.

Zutaten für 18 Kugeln
250 g Kartoffeln
100 g Milch
15 g Hefe
160 g Weizenmehl (Type 550)
2 g Salz

Pfeffer

70 g Appenzeller Käse, fein gerieben

15 g Schnittlauch fein, gehackt

70 g gekochter Schinken, fein geschnitten

50 g Essiggurken, fein gehackt

1 kleine Zwiebel (25 g), fein gehackt

Zuerst koche ich die Kartoffeln weich. Dann ist Schälen angesagt. Wenn alle von ihrer Schale befreit sind, drücke ich die Kartoffeln durch eine Kartoffelpresse. Jetzt muss die Kartoffelmasse erst einmal abkühlen. Dann kann ich Milch, Hefe, Weizenmehl, Salz und Pfeffer dazugeben und einen geschmeidigen Teig kneten. Käse, Schnittlauch, Schinken, Essiggurken und Zwiebel werden als Nächstes untergeknetet. Dann decke ich meinen Teig ab und kann mich für eine halbe Stunde ausruhen, denn jetzt muss die Hefe arbeiten. In der Zwischenzeit kann ich meine Fritteuse schon einmal auf 170° C vorheizen. Mit einem Eisportionierer oder einem Löffel steche ich runde Kugeln aus und lasse sie vorsichtig ins heiße Fett gleiten. Die Alpenzeller Schinkenkugeln müssen im Fett schwimmend rundherum goldbraun gebacken werden. Noch warm, sind diese Kugeln ein wahrer Gaumenlechzer.

FASTENZEIT

Der Fasching ist zu Ende und es beginnt die Zeit des Fastens, der Stille, der Besinnung und der Buße. Man soll auch dem Magen eine Erholung von der Völlerei gönnen. Aber nicht nur unserem Bauch sollten wir eine Fastenkur gönnen, auch für unsere Seele ist es eine Zeit der Besinnung, der inneren Einkehr.

Die Katholiken kennen nur noch zwei strenge Fastentage, einmal den Aschermittwoch und dann den Karfreitag. Dies bedeutet den Verzicht auf das Fleisch warmblütiger Tiere und nur eine volle Sättigung am Tag. Seit dem 11. Jahrhundert werden die Katholiken während des Gottesdienstes am Aschermittwoch mit einem Aschekreuz gezeichnet. Die Asche stammt von den geweihten Palmzweigen des Vorjahres. Das Aschekreuz symbolisiert für die Christen den Beginn der Bußzeit und die Hoffnung auf Auferstehung.

In Bayern wurden während der Fastenzeiten die Mehl- und Süßspeisen entwickelt. Sie entstanden aus dem Wunsch heraus, auch während des Fastens nicht auf lukullische Genüsse zu verzichten. Es gab ja nicht nur die vierzigtägige Fastenzeit vor Ostern, sondern auch die Freitage, das Ernte-, das Sommer-, das Martini-, das Advents-, das Weihnachts- und das Silvesterfasten. Bei so vielen Fastentagen war klar, dass die Bäuerinnen aus den erlaubten Zutaten wie Milch, Butter, Sahne, Eier, Zucker oder Honig und Mehl ideenreiche Genüsse zauberten. Auch wenn es immer wieder dieselben Zutaten waren, so zeigen die bayerischen Mehlspeisen doch eine erstaunliche Vielfalt. Dampfnudeln, Rohrnudeln, Rupfhauben, Auszogne, Topfennudeln, Apfelkücherl, Zwetschgen-Pavesen usw., dies alles haben wir der katholischen Kirche zu verdanken. Deshalb nehmen auch in alten bayerischen Kochbüchern die Fastenspeisen einen großen Raum ein.

Aschermittwochsbräuche

Ein alter immer noch gepflegter Brauch aus dem 19. Jahrhundert ist das Geldbeutelwaschen. In München ziehen am Aschermittwoch am Fischbrunnen zahlreiche Leute und noch zahlreichere Politiker ihre Geldbörsen durchs Wasser. Einmal, damit der Stadtsäckel gefüllt wird, und ein zweites Mal, weil die Presse ein schönes Foto braucht.

Ein ganz typisches Aschermittwochsgebäck waren die Apfelkücherl. Apfelscheiben werden mit Zitronensaft beträufelt und dann in einen Bierteig getaucht. Anschließend werden diese Ringe im heißen Fett gebacken. Mein Vater hat sie immer am Aschermittwoch gebacken.

In der Oberpfalz zogen die jungen Burschen am Aschermittwoch zum »Boissen« aus. Mit dabei war eine große Stange mit Fastenbrezen und ein Holzbrettchen. So bewaffnet, zogen die jungen Männer durchs Dorf. Ihr Ziel war es, die jungen Mädchen zu fangen und ihnen mit dem Brettchen eines auf ihren Allerwertesten zu geben. Als Trostpflaster gab es dann eine Fastenbreze.

Ein Apfelkücherlrezept
Aus: *Des Adelichen Land- und Feld-Lebens von Herrn von Hohbergs*

> ... nehmet Aepffel
> die etwas säuerlich seyn
> die süssen taugen nicht hierzu

schälet und schneidet sie auf das dünste
daß man fast dardurch siehet
sie dörffen aber klein Loch haben
sonst lauffen sie nicht auf
dann giesset an ein schönes Meel kalt Wasser
daß das Meel nur damit angefeuchtet wird
rühret und klopfet den Taig recht wohl
daß er sich von der Schüssel und löffel abledigt
je besser man ihn klopffet
je schöner die küchlein auflauffen
hernach schlaget recht frische Eyer
eines nach dem andern daran
biß der Taig wird in der Dicken
wie ein Strauben-Taig
nehmet zu 4. gantzen Eyern von 3. Eyern das Weisse
saltzet ihn aber nicht
giesset ein klein wenig Wein daran
ziehet die Aepffel durch leget nicht über 2. oder 3. auf einmal
    in heisses Schmaltz
begiessets stets mit einem Löffel
so lauffens schön auf
lassets auf geschnittenem Brod verseyhen
und bestreuts
beym Auftragen
mit Zucker.
Oder rühret mit warmen weissen Bier ein Meel an
giesset wein dazu
welcher gezuckert
dass der Taig eine rechte Dicken bekommt
haltet den Taig immerzu warm
tunckt die geschälte in 6. oder 8. Theil
auch nach Belieben

zu runden Plätzlein geschnittene Aepfe hinein
lassets in heissem Schmaltz gemach wohl ausbachen
so bleiben sie schön rösch.
Man kann diesen Taig auch ohne Bier
von lautern Wein
anmachen.

Hier wird schon schön beschrieben, wie man Apfelkücherl im Bierteig herstellt, und im Prinzip hat sich daran auch bis heute nicht viel verändert. Deshalb hier mein modernes Rezept:

Apfelkücherl im Bierteig

Zutaten

Bierteig (reicht je nach Apfelgröße für 30 Kücherl):
120 g Eiweiß (4 Stück)
60 g Zucker
Prise Salz
500 g Mehl
80 g Eigelb (4 Stück)
500 g Bier (Weißbier)
60 g Butter flüssig
etwas abgeriebene Zitronenschale
6-8 Äpfel (je nach Größe)
Zitronensaft
Butterschmalz zum Frittieren
Zucker und geriebener Zimt

Zuerst schäle ich meine Äpfel, es sollte ein säuerlicher Apfel sein, der beim Backen nicht zu schnell matschig wird. Ich verwende hier gerne einen Boskop. Nachdem er geschält ist, entkerne ich

den Apfel und schneide ihn in Scheiben. Dann beträufle ich ihn mit etwas Zitronensaft, damit er nicht so schnell braun wird.

Jetzt schlage ich das Eiweiß, den Zucker und das Salz zu einem steifen Eischnee. Mehl, Eigelb, Bier, Butter und Zitronenschale verrühre ich. Anschließend rühre ich die beiden Massen zusammen. Jetzt wende ich die einzelnen Apfelscheiben zuerst im Mehl und tauche sie dann von beiden Seiten in den Bierteig. So werden die Apfelkücherl dann im heißen Fett von beiden Seiten goldbraun gebacken. Anschließend lasse ich sie noch auf Küchenkrepp abtropfen und wälze sie in Zimtzucker.

Güldene Schnitten

Fastenspeisen haben immer schon unsere Küche bestimmt, kein Wunder bei so vielen katholischen Fastentagen. Also habe ich alte Kochbücher durchforstet und in einem alten Nürnberger Kochbuch von 1691 habe ich dann die »Gueldenen Schnitten« gefunden; wahrscheinlich wurden diese Schnitten aber schon viel früher gebacken. Und es gibt sie heute noch, wenngleich sie heute niemand mehr so nennt. »Arme Ritter« ist der moderne Name, aber sie werden auch Apostelbrocken oder Altweiberknie genannt. Doch wie erbärmlich klingt all dies in unseren Ohren, und was für ein nobles Gericht sind dann doch diese »gueldenen Schnitten«. Wahrscheinlich wollte man schon mit dem Namen die Fastenzeit ein wenig verschönern.

Güldene Schnitten

Aus: *Der vortrefflichen Koechin / Geheim gehalten gewesene Gemerk-Zettul. Woraus zu erlernen / wie man Speisen wohlgeschmack und leckerhafft / zuberreiten, kochen und auftragen solle;* Nürnberg 1691

> Schneydet Schnitten von einer Semmel oder Weck (… oder …)
>   Schneydet ein Eyerbrod
> entweder einen Gogelhopffen oder Eyerkuchen zu Plaetzen
> zerklopffet hernach drey oder vier Eyer in einem Haefelein
> salzets ein wenig
> zuckerts
> giesset Rosenwasser nach belieben daran
> und ruehrets wohl unter einander:
> Ziehet die Schnitten zuvor durch einen Rahm oder Kern:

Nehmet dann einen erdenen Deller oder Schuessel
giesset die geruehrten Eyer darein
und ziehet die Schnitten ebenfalls dadurch
und zwar ein
zwey oder mehr
so viel man nemlich auf einmal bachen kann
und so fort: Lasset indessen ein Schmalz in einer Pfanne
heiß werden
und wieder ein klein wenig erkuhlen
leget die durchgezogenen Schnitten darein
und bachets schoen gelb heraus. »(…)

Modernes Rezept

2 Semmeln vom Vortag
200 g Milch
100 g Eier (2 Stück)
50 g Zucker
eine Prise Vanille
2 EL Rosenwasser
200 g geschlagene Sahne
30 g Zucker
400 g Sauerkirschen entkernt
200 g Kirschsaft (ungesüßt)
40 g Zucker
10 g Kartoffel- oder Speisestärke
etwas geriebene Zitronenschale
eine Prise Zimt
Zucker und Zimt zum Wenden

Wenn einmal ein paar Semmeln übrig bleiben, muss man sie
nicht wegwerfen. Mit »Wohlgeschmack und leckerhafft« wie die
unbekannte Autorin in ihrem Kochbuch aus dem 17. Jahrhundert schon im Titel uns den Mund wässrig macht, so wollen wir
diese güldenen Schnitten servieren. Dazu richte ich mir zuerst
mein Kirschkompott her. Die Sauerkirschen nehme ich aus dem
Glas, lasse sie abtropfen und fange den Kirschsaft auf. Hiervon
messe ich mir 200 ml ab. Während ich die Speisestärke mit ein
wenig Kirschsaft anrühre, lasse ich den restlichen Kirschsaft mit
dem Zucker aufkochen. Nun menge ich meine angerührte Stärke
darunter. Noch einmal kurz aufkochen lassen, dann schnell die
Sauerkirschen, geriebene Zitrone und Zimt dazugegeben, anschließend zur Seite stellen, damit es abkühlen kann. Jetzt schneide ich
meine Semmeln in Scheiben, mische die Milch, die Eier, den Zucker und die Vanille. Natürlich darf ich das Rosenwasser nicht
vergessen, denn es sollen ja gar »leckerhaffte« güldene Schnitten
werden und nicht einfache »arme Ritter«. Jetzt weiche ich meine

Semmelscheiben in diesem Milch-Eier-Gemisch ein. In der Zwischenzeit habe ich etwas Butterschmalz in einer Pfanne erhitzt und backe darin meine güldenen Schnitten auf beiden Seiten goldbraun. Die Teller habe ich inzwischen schon mit der geschlagenen gesüßten Sahne und dem Kirschkompott vorbereitet. Hierauf kommen nun die gebackenen Schnitten, die ich zuvor noch im Zimtzucker gewendet habe.

Was kann man bei so einem wunderbaren Dessert noch wünschen außer: Wohlgeschmack und eine gar leckerhaffte Zeit!

Manscho Blanko

Manscho Blanko ist eine traditionelle bayerische Fastenspeise. Der Name ist eine Verballhornung des französischen Begriffes »Blanc-Manger«. Man könnte sie natürlich auch einfach nur Mandelsulz nennen. Aber Manscho Blanko klingt da schon viel gefälliger. Diese Fastenspeise ist schon fast in Vergessenheit geraten, wahrscheinlich wegen der umständlichen Herstellung einer Mandelmilch, die im Mittelalter sehr gebräuchlich war. Ich habe jedoch ein modernes Rezept entwickelt: Eine leckere Mandelmilchsahne wird verfeinert mit fruchtigen Himbeeren. Da würden sogar die Klosterbrüder in der Fastenzeit eine Extraportion essen.

Zutaten

500 g Milch
240 g Marzipan
120 g Zucker
Mark einer halben Vanilleschote
4 Blatt Gelatine
500 g geschlagene Sahne
200 g Himbeeren
8-10 Löffelbiskuits
40 g Amaretto

Für das Dekor

600 g geschlagene Sahne
60 g Zucker
Kakaopulver

Zuerst weiche ich die Gelatine in reichlich kaltem Wasser ein. Dann lasse ich Milch, Marzipan und Zucker einmal kurz aufkochen. Dies stelle ich sofort zur Seite und gebe die ausgekratzte Vanille und die eingeweichte Gelatine dazu. Die Gelatine habe ich natürlich vorher gut ausgedrückt. Jetzt muss mein Mix erst einmal abkühlen. Wenn er auf 20° C abgekühlt ist, hebe ich vorsichtig die Sahne darunter. Diesen Manscho-Blanko-Mix fülle ich nun in eine Reine. Zuunterst kommt eine Schicht Löffelbiskuits, die ich mit etwas Amaretto getränkt habe, und darauf ein paar Himbeeren. Die schönsten Himbeeren lege ich beiseite, die brauche ich für die Dekoration. Oben streiche ich die Sahnemasse schön glatt und stelle sie kalt. Bevor ich diese Fastenspeise serviere, mische ich die geschlagene Sahne mit dem Zucker und spritze damit kleine Tupfen auf mein Dessert. Dann staube ich Kakao darüber und verziere das Ganze mit meinen restlichen Himbeeren.

GRÜNDONNERSTAG

Die Brauchtumsforscher erklären uns, dass der »Grüne« Donnerstag seinen Namen vom »Greinen« (Weinen) der am Gründonnerstag erlösten Büßer bekommen hat. Diese wurden früher am Aschermittwoch aus der Gemeinschaft ausgeschlossen und am Gründonnerstag wieder in die Gemeinschaft der Feiernden aufgenommen. Und aus dem »Greindonnerstag« ist dann der Gründonnerstag geworden. Im Alpenraum ist es vielfach heute noch üblich, dass die jungen Burschen am Gründonnerstag bei ihren Liebsten ihr Ostergeschenk bestellen. Dieses bestand in der Regel aus drei Eiern, die das verliebte Mädel schön rot färbte und mit Liebesschwüren und Liebesversen verzierte: »Wenn auch das Ei zerbricht, jedoch unsere Liebe nicht« oder »Das Ei ist rot, uns trennen kann nur der Tod«.

Wenn der Verehrer die Eier dann am Ostermontag abholte und die Liebesverse lesen konnte, wusste er endlich über die wahren Gefühle seiner Braut Bescheid.

In Bayern hieß der Gründonnerstag früher Antlasspfinsta. Antlass daher, weil im Mittelalter der Gründonnerstag der Tag der Entlassung aus der Sündenschuld war. Er war also ein Ablasstag. Früher wurde der Donnerstag Pfinsta genannt, deshalb also Antlasspfinsta. Darum hießen die Eier, die am Gründonnerstag von den Hennen gelegt wurden, auch Antlasseier. Diese wurden gefärbt und in der Kirche geweiht. Danach wurden die Eier an einen besonderen Freund verschenkt. Natürlich hatte so ein Antlassei magische Kräfte. Wenn man es auf den Dachfirst legte, war das Haus vor Feuer und Blitz geschützt. Am nahe gelegenen Flussufer vergraben, schützte es vor Hochwasser. Am meisten Magie jedoch entfaltete es, wenn man ein Antlassei aß. Denn dann konnte man sich nie mehr verirren. Man musste nur an sein Ei denken und fand sofort wieder nach Hause.

In Niederbayern in der Gemeinde Tannheim wurde jedem Knecht ein Antlassei geschenkt. Dieser aß das Ei mitsamt der Schale, denn nur so konnte es seine vollständige Wirkung entfalten, den Fruchtbarkeitszauber. Außerdem beschützte es den Knecht angeblich beim schweren Heben vor einem Leistenbruch. In Wahrheit jedoch meinte der Volksmund, dass ihn das Antlassei vor Impotenz schützen würde. Außerdem gab es den Brauch, ein Ei in der Mitte durchzuschneiden und eine Hälfte im Kuhstall, die andere Hälfte im Pferdestall aufzuhängen, um die Fruchtbarkeit der Tiere anzuregen.

Überhaupt war im Volksglauben der Gründonnerstag einer der zauberkräftigsten Tage des Jahres. So hieß es zum Beispiel: »Wer am Gründonnerstag Kümmelplätzchen isst, den beißt das ganze Jahr kein Floh.« In Marbach soll es den Brauch gegeben haben, dass am Gründonnerstag die Burschen ihrem Madl Laugenbrezen ans Fenster gebracht haben. Die Mädchen mussten diese allerdings auf nüchternen Magen essen, damit sich die Zauberkraft entfalten konnte. Sie bekamen nämlich dann das ganze Jahr kein Fieber. Und solange die Breze gut aufbewahrt wurde und nicht schimmelte, so lange blieb auch die Liebe frisch.

Grünes Essen war auch schon immer ein Brauch am Gründonnerstag. Viele essen z. B. an diesem Tage Spinat oder eine »Grüne Suppe« aus sieben oder neunerlei Kräutern. Auch die »Grie Soß'« aus Hessen ist sehr beliebt. Hierbei war es sehr wichtig, sich an die magischen Zahlen zu halten, nur so konnte die Suppe oder Soße ihre heilsame Wirkung entfalten. Die Sieben ist deshalb eine besondere Ziffer, weil es für die Katholiken die sieben heiligen Sakramente gibt. Die Neun ist wichtig, weil in ihr die Heilige Dreifaltigkeit (Gott, Jesus und der Heilige Geist) gleich dreimal enthalten ist.

Im Schwarzwald gibt es grüne Pfannkuchen: Hier hat die Köchin ihrem normalen Pfannkuchenrezept fein gehackten Schnittlauch zugegeben.

Ein ganz besonderes Brot ist das sogenannte Gsundheitsbrot. Dies ist ein Roggen-Weizen-Mischbrot mit neunerlei frischen Kräutern (Brunnenkresse, junge Löwenzahnblätter, Schnittlauch usw.). Vor allem im Schwäbischen oder in Oberbayern backte man am Gründonnerstag dieses Gsundheitsbrot. Durch das Essen dieses Brotes erhielt man Kraft und Gesundheit für das ganze Jahr.

Gsundheitsbrot

Zutaten für 6 Brote

500 g Wasser (35° C)
40 g Hefe
17 g Salz
80 g Sauerteig
375 g Roggenmehl (997)
375 g Weizenmehl (550)
150 g Kräuter, fein gehackt (neun verschiedene)

Zuerst löse ich die Hefe im warmen Wasser auf. Anschließend knete ich alle Zutaten unter. Jetzt muss ich so lange kneten, bis ein glatter Teig entstanden ist. Den fertigen Teig decke ich ab und warte eine halbe Stunde, in der die Hefe dafür sorgt, dass der Teig schön aufgeht. Dann schlage ich den Teig zusammen und wiege etwa 250 g schwere Teigstücke ab. Aus diesen forme ich runde Brote.

Meine fertigen Brote lege ich auf ein mit Backpapier ausgelegtes Blech. Natürlich decke ich meine Gsundheitsbrote wieder

ab, damit sie keine Haut bekommen. Die Hauptarbeit ist getan, jetzt muss die Hefe für Volumen sorgen. Ein warmes Örtchen unterstützt die Hefe in ihrer Tätigkeit. Wenn sich die Brote etwa im Volumen verdreifacht haben, schneide ich sie mit einem scharfen Messer ein, so dass kleine Quadrate entstehen. Bei 220° C etwa 35 Minuten backen. Beim Einschieben in den Ofen gebe ich etwas Wasserdampf dazu. Das sorgt für einen schönen Glanz auf den Broten. Nach etwa 5 Minuten reduziere ich die Temperatur auf etwa 190° C.

Kümmelplätzchen

Zutaten

250 g Mehl
140 g Parmesan, gerieben
110 g Emmentaler, gerieben
150 g Butter
60 g Eigelb (3 Stück)
3 g Salz
Pfeffer
3 g geriebenen Kümmel

Für das Dekor

Eigelb zum Bestreichen
ganzer Kümmel zum Bestreuen

Alle Zutaten werden einfach nur kurz verknetet, dann stelle ich den fertigen Teig für etwa 2 Stunden in den Kühlschrank. Wenn er fest geworden ist, rolle ich den Käseteig messerrückendick aus, damit ich dann schöne Plätzchen ausstechen kann. Nun verrühre ich etwas Eigelb mit Wasser und streiche meine Plätzchen damit ein. Dann wird noch jedes Plätzchen mit etwas Kümmel bestreut. Bei 180° backe ich meine Kümmelplätzchen in 8-10 Minuten schön goldgelb.

KARFREITAG

Der Karfreitag ist für die evangelische Kirche der höchste Feiertag. Für die Katholiken ist es ein Fastentag, und auf manchem Bauernhof wurde ein strenges Regiment geschwungen, man achtete genau darauf, dass an diesem Tage nichts außer einer Karfreitagsbreze gegessen wurde. Diese Karfreitagsbrezen waren ein symbolisches Zeichen für die Fesseln Jesu Christi. Mir wurde sogar berichtet, dass es im Landkreis Fürstenfeldbruck Ende des 20. Jahrhunderts noch mindestens eine Bäckerei gegeben hat, die extra am Karfreitag offen hatte, um an diesem Tage Karfreitagsbrezen zu verkaufen.

In Süddeutschland musste der Bräutigam seiner Braut am Karfreitag Brezen mitbringen. Und es musste schon eine stattliche Zahl sein, damit er seiner Braut imponieren konnte. Bis zu vier Dutzend brachte er auf einem Stecken aufgefädelt zu seiner Auserwählten.

Besondere Bedeutung und große Heilkraft haben an diesem Tag auch das Karfreitagsbrot und das Karfreitagsei. Ein Karfreitagsbrot schimmelt natürlich nicht. Es sei denn, der Schenker war unaufrichtig oder wurde untreu. Es ist alleine schon dadurch, dass es am Karfreitag gebacken wurde, ein heiliges Brot. Dies ist wirklich auffällig, denn die meisten anderen Brote werden erst zu Heilsbroten, wenn sie geweiht werden. Um die Magie dieses Tages zu erhalten, wurde dieses Brot in Niederbayern getrocknet, und dann zerrieb man es über einem Kruzifix. Die so gewonnenen Brösel wurden aufbewahrt und bei jedem Backen kam ein wenig in den Teig. So konnte der Segen Gottes in die Brote eindringen, und das so gewürzte Brot konnte nicht schimmeln.

Den Schulkindern wurden die Karfreitagseier hart gekocht und kleingehackt mit gebackenen Buchstaben serviert, damit aus ihnen schnell kluge, lernfähige Abc-Schützen werden sollten. Wenn jedoch die Bäuerin ihrem Bauern einen Eierkuchen aus Karfreitagseiern gebacken hat, dann sollte das vor allem seine Liebeskraft stärken. Aus dem gleichen Grunde brachte sie in der Früh ihrem Manne ein gesottenes Gänseei ans Ehebett. In der Schweiz konnte nichts Schlimmeres passieren, als dass am Karfreitag die Hühner kein einziges Ei legten, denn das bedeutete, dass im selben Jahr der Bauer sein Hab und Gut verlieren würde. Im Bayerischen Wald backte man große Karfreitagskrapfen, es mussten genau 12 Stück sein, für jeden Apostel einen. Nicht vergessen darf man die Kreuzbrote und Kreuzsemmeln. Je nachdem, in welcher Gegend man sich befand, waren dies süße Teige, große Roggenbrote oder kleine Semmeln, die kreuzförmig eingeschnitten oder mit einem aufgelegten Teigkreuz verziert wurden.

Bei uns gibt es an diesem Tag Puchheimer Karfreitagshäute. Das sind dünne, knusprige Fladen aus Roggen- und Weizenmehl, die noch mit verschiedenen Gewürzen verziert werden.

Puchheimer Karfreitagshäute

Zutaten für 4 Stück

300 g Weizenmehl (Type 550)
250 g Roggenmehl (Type 997)
15 g Hefe
9 g Salz
300 g Wasser (lauwarm)
200 g Sauerrahm

Gewürze

  6 g Kümmel
  5 g Koriander
  1 g Anis
  1 g Fenchel
  eventuell grobes Salz

Aus lauwarmem Wasser, Hefe, Salz, Sauerrahm und Mehl knete ich einen geschmeidigen Teig. Wenn er schön glatt ist, decke ich ihn ab und lasse ihn eine halbe Stunde ruhen. Dann wiege ich 260 g schwere Teigstücke ab und forme daraus runde Kugeln. Diese werden wieder abgedeckt und 15 Minuten in Ruhe gelassen. Dann rolle ich runde Fladen aus. Die ausgerollten Karfreitagshäute lege ich auf ein Blech mit Backpapier. Ich pinsele sie mit etwas Wasser ein und streue dann die vorher gemischten Gewürze drauf. Wer will, kann auch noch etwas grobes Salz aufstreuen. Mit einer Gabel steche ich die Puchheimer Karfreitagshäute mehrmals ein. Wenn sie ihr Volumen ungefähr verdreifacht haben, backe ich sie im vorgeheizten Ofen bei 210° C (Umluft). Beim Einschieben gebe ich schön Dampf, und nach 5 Minuten schalte ich den Ofen auf 190° C zurück und backe die Häute weitere 15-20 Min. goldbraun.

OSTERN

Ostern gehört zu den höchsten christlichen Festen. Es wird jedes Jahr nach dem ersten Vollmond nach Frühlingsanfang (21. März) begangen. Nach altem Volksglauben wird hier der endgültige Abschied vom Winter gefeiert.

Früher standen diese Tage ganz im Zeichen eines üppigen Schlemmens. Nachdem die Fastenzeit zu Ende war, stand wieder üppiges Essen auf dem Tisch. Beim Osterfestmahl gab es vor allem Schinken, Lammbraten, Geißlein, Giggerl sowie gefüllte Braten oder Schinken im Brotteig. Eier waren schon bei den alten Germanen ein Fruchtbarkeits- und Stärkemittel. Im christlichen Brauchtum ist das Ei ein Sinnbild für die Auferstehung, aber es gibt noch eine andere Erklärung für die besondere Bedeutung der Eier an Ostern: Die Kirche hatte verboten, während der Fastenzeit Eier zu essen, die Hühner begannen jedoch im Frühjahr wieder viele Eier zu legen. Bis Ostern kamen große Mengen von Eiern zusammen, und diese konnte man dann endlich am Ostersonntag verzehren oder großzügig verschenken.

Natürlich darf der Osterfladen beim Sonntagsfrühstück nicht fehlen. Ich habe hier sogar noch einen ganz besonderen Osterfladen, nämlich einen Apostelkuchen.

Eine alte oberbayerische Spezialität, die aus einem feinen Hefeteig, ähnlich einem Brioche, geformt wird. Ich habe ihn noch mit Pinienkernen verfeinert. So wird er zu einem ganz besonderen Osterfladen. In der vorösterlichen Zeit wandeln sich die einfachen Apostelbrote in die gehaltvolleren Apostelkuchen, die teilweise auch wie die Apostelbrote an die Bedürftigen verschenkt wurden.

Apostelkuchen

Zutaten für 4 Stück

500 g Weizenmehl
200 g lauwarme Milch
30 g Hefe
50 g Zucker
50 g Butter
7 g Salz
80 g Eigelb (4 Stück)
50 g Ei (1 Stück)
etwas abgeriebene Zitronenschale
180 g Rosinen
60 g geröstete Pinienkerne
Eigelb zum Bestreichen
flüssige Butter und Zimtzucker als Dekor

Aus allen Zutaten außer Rosinen und Pinienkernen knete ich einen glatten, mittelweichen Hefeteig. Dann knete ich die Rosinen und Pinienkerne unter. Den Teig decke ich ab und lasse ihn 20 Minuten ruhen. Jetzt knete ich ihn noch einmal kurz durch und wiege dann vier 300 g schwere Stücke aus. Jedes dieser Stücke in ein großes (200 g) und ein kleines (100 g) aufteilen. Beide Teile forme ich nun rund. Das größere lege ich auf ein mit Backpapier ausgelegtes Blech. In der Mitte drücke ich es flach, so dass eine Mulde entsteht. Das kleine Teigstück setzte ich in die Mulde. Nun verrühre ich ein Eigelb mit etwas Wasser und streiche die Apostelkuchen damit ein. Abgedeckt müssen sie nun aufgehen, das geht am besten an einem warmen Ort. Nach etwa einer halben Stunde, wenn sie ihr Volumen verdreifacht haben, schneide ich das untere Teigstück am Rand im 45 Grad-Winkel drei- bis viermal ein. Dann müssen die Apostelkuchen im vorgeheizten Ofen bei 180° C (Um-

luft) 30 Minuten backen. Nach dem Backen streiche ich sie sofort mit flüssiger Butter ein und bestreue sie dann mit Zimtzucker.

Ostergebildbrote

Zutaten für 30 kleine Gebildbrote

1000 g Weizenmehl
60 g Hefe
100 g Zucker
100 g Butter
15 g Salz
200 g lauwarme Milch
200 g Sauerrahm
120 g Eigelb (6 Stück)
150 g Vollei (3 Stück)
etwas abgeriebene Zitronenschale

1 Prise Muskatnuss
eventuell Hagelzucker
hartgekochte gefärbte Eier

Aus allen Zutaten, außer dem Hagelzucker und den gekochten Eiern, knete ich einen schönen glatten Hefeteig. Der Teig ist fertig, wenn er Blasen wirft. Jetzt sollte man den Teig 20 Minuten abgedeckt ruhen lassen und dann noch einmal zusammenschlagen. Anschließend teile ich ihn in 30 gleich große Teigstücke à 60 g. Daraus forme ich die verschiedenen Ostergebäcke (Osterbaum, Eiermandl, Osterbreze, Sonnenrad, Sonnenbauge und Sonnenbogen). Für die Eiermandln verwende ich 3 Teigstücke und für eine schöne große Osterbreze benötige ich jeweils drei doppelte Teigstücke. Aus diesen flechte ich einen Dreistrangzopf und forme daraus eine Brezen.

Die Hefestückchen auf ein mit Backpapier ausgelegtes Backblech legen und mit Eierstreiche anpinseln. Wer will, kann sie mit Hagelzucker bestreuen. Danach müssen die Osterbrote noch gehen, bis der Teig sein Volumen verdreifacht hat. Nun bei 190° C im vorgeheizten Ofen je nach Größe zwischen 15 und 20 Minuten goldbraun backen.

Osterbreze

Ein weiteres typisches bayerisches Gebildbrot ist die Osterbreze. Hier wird eine große geflochtene Breze aus dem Hefeteig geformt und gebacken.

Osterbaum

Aus leichtem Hefeteig werden vier verschieden lange Stränge geformt, anschließend werden diese in Baumform aneinandergelegt. Dann mit Eierstreiche bestreichen und mit Hagelzucker bestreuen.

Eiermandl

Nach einem alten bayerischen Brauch werden an Ostern die sogenannten »Eiermandl« gebacken. Aus Hefeteig wird ein Hefeteig-
männchen geformt, diesem wird ein gefärbtes Osterei eingebacken.
Dies sind sozusagen die bayerischen Brüder der »Rheinischen
Weckmänner«. Es gab auch vereinzelt die »Osterpärchen«, also
ein Weiblein und ein Männlein mit einem gefärbten Ei.

Großes Sonnenrad

Sechs Teigstränge werden in der Mitte übereinandergelegt. Die
Enden drehe ich zu einer Spirale ein und in die Mitte setzte ich
noch einen kleinen Teigkringel.

Osternesterl

Pro Nest benötige ich 50 g Hefeteig. Zuerst forme ich eine Kugel.
Dann länge ich sie ein wenig vor und lasse den Teig ein wenig liegen, damit er sich entspannen kann. Dann forme ich die Schlan-

ge ein wenig länger und lasse sie wieder ein wenig entspannen. Schließlich mache ich einen Teigstrang von 40 cm Länge. Dann bemehle ich ihn ein wenig, hier ist Roggenmehl am besten geeignet. Jetzt in der Mitte eine Schlaufe bilden. Das eine Ende durch die Schlaufe ziehen. Das andere Ende in der anderen Richtung durch die Schlaufe ziehen. So lange fortfahren, bis sich die beiden Enden am Schluss treffen. Die beiden Enden leicht aneinanderdrücken. Das Nestchen auf ein mit Backpapier ausgelegtes Blech legen und mit etwas Ei abstreichen. Ich achte darauf, dass die Enden auf der Unterseite sind. Dann lege ich ein gefärbtes hartgekochtes Ei in die Mitte und lasse das Ganze etwa eine halbe Stunde gehen. Wenn sich das Volumen etwa verdreifacht hat, backe ich mein Nestchen für etwa 15 Minuten bei 180° C im vorgeheizten Ofen (Umluft) goldbraun. Wer will, kann es noch vor dem Backen mit Hagelzucker verzieren.

3. MÄRZ
Kunigunde

Die Bamberger backen am 3. März Kunigundenringe, die aus dem gleichen Teig gebacken werden wie die Bamberger Hörnchen. Ein wenig Teig war sowieso noch übrig und in eine neue Form war er auch schnell gebracht. Fertig ist das neue Gebäck. Ein Bamberger Hörnchen ist wiederum nichts anderes als die Luxusversion eines Croissants. Die Kunigundenringe wurden vor etwa 40 Jahren erfunden, und die Bamberger haben sich dann auch gleich eine nette Geschichte dazu ausgedacht:

Als das Kaiserpaar einmal im Park spazieren ging, erklangen die Glocken des Domes. Da sie die beiden Glocken gestiftet hatten, entbrannte ein Streit darüber, welche denn nun schöner klingen würde. Der Kaiser war natürlich für die Heinrichsglocke, die Kaiserin wiedersprach jedoch und plädierte für die Kunigundenglocke. Der Streit wurde immer heftiger und schließlich war die Kaiserin ziemlich erbost. Sie zog ihren Ring vom Finger und rief: »Die Glocke, die mein Ring treffen wird, ist die bessere!« Sie warf den Ring, der die Kunigundenglocke traf und sie durchschlug. Aber wie durch ein Wunder behielt sie ihren reinen, schönen Klang.

Deshalb backen die Bamberger jedes Jahr ihre Kunigundenringe.

Kunigundenringe

Zutaten für 14 Stück

Hefeteig:

250 g Weizenmehl

80 g Milch

25 g Hefe

50 g Ei (1 Stück)

20 g Eigelb (1 Stück)

40 g Butter

30 g Zucker

3 g Salz

Vanille, geriebene Zitrone, Macis (Muskatblüte)

Zum Eintourieren

175 g Butter

25 g Weizenmehl

Zuerst die Tourierbutter herrichten. Hierfür verknete ich die Butter und das Weizenmehl. Dann forme ich daraus eine Platte, wickle diese in Folie ein und stelle sie kalt. Jetzt wird der Teig geknetet. Hier ist wichtig, dass die Milch nicht wie beim Hefeteig sonst üblich angewärmt wird. Schön kalt soll sie sein, damit mein Teig nicht schon beim Tourieren anfängt zu gehen. Also einfach alle Zutaten für den Hefeteig in eine Schüssel geben und dann kneten, bis ein schöner, glatter, geschmeidiger Teig entstanden ist. Diesen bestaube ich mit etwas Mehl, wickle ihn in Folie ein und stelle ihn dann auch kalt. Nach 5-10 Minuten, wenn sich der Teig etwas entspannt hat, hole ich ihn aus dem Kühlschrank und schneide ihn kreuzweise ein. Die Ecken biege ich nach außen. Nun ein wenig bemehlen und dann ausrollen, etwa doppelt so groß wie die Butterplatte. Diese nehme ich jetzt aus dem Kühl-

schrank und lege sie auf den Teig. Nun klappe ich die Teigränder über die Butter. Sie muss komplett bedeckt sein. Jetzt rolle ich den Teig in die Länge aus. Dann kehre ich das überflüssige Mehl von meinem ausgerollten Teig und schlage ein Drittel nach innen. Das letzte Drittel wird nun über das erste Drittel gelegt. Dies nennt der Konditor eine einfache Tour geben. Jetzt wickle ich den Teig wieder in Folie und lege ihn erneut in den Kühlschrank. Nach etwa 20 Minuten nehme ich ihn heraus und rolle ihn diesmal in die andere Richtung aus. Er bekommt wieder eine einfache Tour, wird abgedeckt und kalt gestellt. Diese Prozedur wird noch einmal wiederholt. Dann hat er drei einfache Touren und braucht wieder eine Pause von 20 Minuten. Die Pausen sollte man unbedingt einhalten. Der Teig darf ruhig auch einmal länger im Kühlschrank pausieren. Aber kürzer sollten die Ruhephasen nicht sein, da die Butter durch das Ausrollen immer wieder weich wird und die einzelnen Schichten Teig und Fett dann nicht mehr getrennt bleiben. Das fertige Gebäck hat dann keine feine Blätterung mehr.

Nach dieser letzten Pause kann man den Plunderteig ausrollen. Ich rolle ihn auf 42 cm × 30 cm aus und schneide alles in 3 cm breite Streifen. Diese Teigstücke rolle ich auf beiden Seiten ein und forme dann einen Kringel, den ich auf ein mit Backpapier ausgelegtes Blech lege. Nun streiche ich sie mit einem verquirlten Ei an. Dann lasse ich die Kunigundenringe an einem warmen Ort gehen. Nach einer halben Stunde, wenn die Hefe ihre Arbeit getan hat, schiebe ich die Kringel in den vorgeheizten Ofen. Bei 185° C (Umluft) brauchen sie etwa 12-15 Minuten, um von mir gold-braun gebacken aus dem Ofen geholt zu werden.

19. MÄRZ
Josefi

In Bayern war der heilige Josef ein sehr beliebter Heiliger, schließlich ist er der Ziehvater des Christuskindes. Auch wenn der Name heutzutage ein wenig aus der Mode gekommen ist, gibt es in der Generation meiner Eltern noch zahlreiche Seppis, Pepps, Sepps, Sepperln, Josefs, Schosi, Josi, sogar Josefas oder Josefinen waren üblich. Sie alle feiern groß am 19. März ihren Namenspatron. In Bayern war ja der Namenstag früher wichtiger als der Geburtstag. Und an seinem Ehrentag bekam der Josef seinen Gsundheitskuchen oder einen üppigen Gugelhupf gebacken. Oder vielleicht hat ihm ja seine Mutter die eigens nach ihm benannte »Straubinger Josefitorte« gebacken.

Eigentlich ist die »Straubinger Josefitorte« ja ein Kuchen. Und zwar ein Kuchen, der es in sich hat: leckere Äpfel mit Honig, Nüssen und Rosinen. Diese werden gewürzt mit etwas Zitronenschale und Zimt und präsentieren sich in einer Mürbeteigummantelung.

Straubinger Josefitorte

Zutaten für eine Torte 4 cm hoch, Durchmesser 28 cm

Mürbeteig:

100 g Zucker

200 g Butter

300 g Mehl

20 g Eigelb (1 Stück)

50 g Vollei (1 Stück)

1,5 g Backpulver
1,5 g Vanille
1 g abgeriebene Zitronenschale

Apfel-Nuss-Masse

1400 g fein gewürfelte Äpfel
100 g Honig
150 g Zucker
100 g gehackte geröstete Haselnüsse
100 g Sultaninen
eine Prise Zimt
etwas abgeriebene Zitronenschale
100 g Biskuitbrösel (z. B. Löffelbiskuit)
Butter zum Bestreichen
80 g Aprikosenmarmelade
70 g Fondant
40 g gehackte geröstete Haselnüsse

Für eine Josefitorte mache ich mir zuerst einen Mürbeteig, denn dieser muss gut durchkühlen. Deshalb ist es durchaus von Vorteil, wenn ich meinen Teig schon am Vortag zubereite und über Nacht im Kühlschrank lagere, damit er sich gut ausrollen lässt. Und schön ausrollen lässt er sich nur, wenn er gut durchgekühlt ist. Hierzu verknete ich die zimmerwarme Butter mit dem Zucker und den Gewürzen. Nun knete ich die Eigelbe und die Eier nach und nach unter, dann das Mehl und das Backpulver. Mehl und Backpulver müssen zusammen gesiebt werden, damit sich das Backpulver gut verteilt und der Mürbeteig auch schön gleichmäßig aufgehen kann. Ich achte genau darauf, den Butterteig nicht zu lange zu kneten, sonst wird er zäh, und ich will ja eine zarte mürbe Ummantelung für meinen Kuchen. Den Teig in Folie einpacken und dann ab in den Kühlschrank. Am nächsten Tag

rolle ich meinen Teig ungefähr messerrückenstark aus. 2,5 mm sind auch in Ordnung. Hierbei achte ich darauf, dass mein Arbeitsplatz immer schön gemehlt ist, damit mein Teig nicht anklebt. Nun hole ich mir einen 4 cm hohen Backring (Durchmesser 28 cm), fette ihn gut ein und stelle ihn auf ein mit Backpapier ausgelegtes Blech. Dann wird er mit dem Mürbeteig ausgelegt. Hier hinein kommen jetzt meine Biskuitbrösel. Dann muss ich die Füllung für die Torte herrichten. Das Wichtigste sind die richtigen Äpfel. Ein wenig säuerlich sollten sie schon sein, und total matschig aus dem Ofen mag ich sie auch nicht holen. Mit einem schönen Boskop bin ich hier schon einmal auf der sicheren Seite. Aber jetzt geht's ans Schälen, Entkernen und dann in feine Würfel Schneiden. Anschließend mische ich Honig, Zucker, Haselnüsse, Biskuitbrösel und Sultaninen dazu. Mit einer Prise Zimt und etwas abgeriebener Zitronenschale wird die Apfelmasse abgeschmeckt, in den mit Mürbeteig ausgelegten Ring gefüllt und gleichmäßig verteilt. Nun rolle ich noch ein wenig Butterteig aus und lege diesen auf meine Josefitorte. Jetzt streiche ich meine Torte noch mit etwas flüssiger Butter an und gebe sie in den vorgeheizten Ofen, etwa 50 Minuten bei 190° C. Nun können sich die Aromen im Ofen entwickeln. Wenn die Torte fertig gebacken ist, lasse ich sie abkühlen, gebe sie auf eine Kuchenplatte und schneide sie aus dem Ring. Anschließend die Aprikosenmarmelade kurz aufkochen lassen und die Oberseite des Apfelkuchens damit bestreichen. Dann den Fondant auf 40° C erwärmen, mit ein wenig Wasser verdünnen und die Torte damit bestreichen. Zu guter Letzt den Rand mit den gehackten Haselnüssen verzieren und den Rest der Nüsse auf der Oberseite verteilen.

2. DONNERSTAG IM MÄRZ
Gebackene Dreizacke –
Sinnbild für Lebensfreude und Neubeginn

Nach dem alten römischen Kalender begann das neue Jahr am
1. März. Der März ist auch der erste Frühlingsmonat, denn nach
unserem Kalender endet der Winter offiziell am 21. März. Der
Frühlingsanfang wird am 20. und 21. März durch die Tagund-
nachtgleiche markiert. Zahlreiche Brauchtümer ranken sich um
diesen Monat, der zugleich Jahresanfang und Frühlingsbeginn
war. In vorchristlicher Zeit glaubte man, dass am Tag der Früh-
lingsgleiche die Welt erschaffen worden ist. Deshalb ließ Romulus,
der den Römern den ersten Kalender entwarf, das Jahr mit dem
März beginnen und benannte den Monat nach ihrem wichtigsten
Gott, dem Kriegsgott Mars.

In der Alpengegend wurden früher nach dem Winteraustrei-
ben von den Gemeinden Dreizacke (Gebäcke in Kleeblattform)
gebacken und an die Kinder verteilt.

Gebackene Dreizacke

Zutaten für 30 Stück
550 g Mehl
30 g Hefe
100 g lauwarme Milch
50 g Zucker
5 g Salz
50 g Eier (1 Stück)
80 g Eigelb (4 Stück)

125 g Butter
45 g gestiftelte, geröstete Mandeln
280 g Rosinen
20 g Orangeat
20 g Zitronat

Zuerst bereite ich aus Mehl, Hefe, Milch, Zucker, Salz, Eier, Eigelb und Butter einen Hefeteig. Hierfür knete ich alle Zutaten so
lange, bis der Teig schön glatt ist und Blasen schlägt. Dann knete
ich Mandeln, Rosinen, Orangeat und Zitronat unter, decke den
Teig ab und lasse ihn etwa 20-30 Minuten ruhen.

Anschließend wiege ich 30 g schwere Teiglinge ab. Aus diesen
forme ich runde Semmeln, setzte sie auf ein Blech mit Backpapier
und decke sie ab, damit die Semmelchen keine Haut bekommen.
An einem warmen Ort darf nun die Hefe ihre Arbeit verrichten.
Wenn sich die Semmeln im Volumen etwa verdreifacht haben,
bestreiche ich sie mit verrührtem Ei. Dann schneide ich sie mit
einer Schere so ein, dass drei Zacken entstehen. Bei 180°-190° C

werden meine Dreizacke in etwa 15 Minuten nun schön goldbraun gebacken.

Man kann auch einen großen Dreizack backen. Hierfür die Teiglinge auf 550 g auswiegen und ansonsten aufarbeiten wie die kleinen Dreizacke. Die Backtemperatur ein wenig reduzieren und dafür etwa 30-40 Minuten backen.

23. APRIL
Georgitag

Der Georgstag oder Georgitag (kurz Georgi) ist der Gedenktag des heiligen Georg, eines frühchristlichen Märtyrers aus Kappadokien. Er gilt auch als Drachentöter und wird oft mit einem weißen Pferd dargestellt, denn er ist der Viehpatron und ein Freund der Pferde.

Der Georgitag war im Mittelalter ein wichtiger Termin für Zinsen und andere Abgaben. Mariä Lichtmess am 2. Februar war auf dem Land die Zeit des Arbeitsplatzwechsels, in der Stadt war dieser Termin an Georgi. Früher durfte auch nach einer Bestimmung von 1516 das untergärige Gerstenbier nur in der kühleren Jahreszeit von Michaeli (29. September) bis Georgi gebraut werden. In Bayern gab es deshalb früher mancherorts sogar ein besonderes Georgi-Bier.

Im Alpenraum wurde vielerorts an Georgi das sogenannte Grasausleuten durchgeführt. Zwölf Burschen zogen mit großen Kuhglocken von Bauernhof zu Bauernhof, um mit ihrem Glockenchor die Äcker und Fluren zu neuem Leben zu erwecken. Die Bäuerinnen mussten die Umherziehenden mit Schmalzbachenem oder einem G'selchten versorgen.

Für das leibliche Wohl wurden an diesem Tag Georgi-Brote gebacken. Mit einem Brot hatten diese Gebildbrote allerdings nicht viel gemeinsam. Wurden sie doch aus zartem Hefeteig geformt und mit Sultaninen, Zitronat und Haselnüssen verfeinert. Für den Drachentöter hat man logischerweise seinen Widersacher modelliert. Diese gebackenen Lindwürmer wurden dann stellvertretend zu Ehren aller Georgs verzehrt. Man schneidet dieses feuerspeiende Ungetüm in schöne dicke Scheiben, die man dann dick bestrichen mit Butter und Marmelade verspeist.

Georgi-Brot

Zutaten für 15 Stück

500 g Weizenmehl
40 g Hefe
50 g Zucker
50 g Butter
7 g Salz
200 g lauwarme Milch
60 g Eigelb (3 Stück)
50 g Vollei (1 Stück)
geriebene Zitrone, Vanille, Macis (Muskatblüte)
125 g Rosinen
50 g Zitronat
50 g gehackte, geröstete Haselnüsse
Belegkirschen für die Augen

Aus allen Zutaten außer Rosinen, Zitronat und Haselnüssen knete ich einen mittelfesten Hefeteig. Wenn der Teig Blasen schlägt, dann knete ich kurz Zitronat, Rosinen und Haselnüsse unter. Jetzt braucht der Teig Zeit, und die Hefe muss auch etwas arbeiten. Deshalb decke ich ihn ab und stelle ihn für mindestens eine halbe Stunde an einen warmen Ort. Dann schlage ich den Teig zusammen und wiege einzelne Stücke à 70 g aus. Daraus forme ich kleine Lindwürmer: Vorne schneide ich das Maul hinein und oben eine oder mehrere Zackenreihen, wie es sich für einen schönen

Lindwurm gehört. Das geht am besten mit einer Schere. Aus dem übrigen Teig forme ich die Füße. Für die Augen benötige ich je eine halbe Belegkirsche. Die kleinen Lindwürmer lege ich auf ein mit Backpapier ausgelegtes Backblech und streiche sie dann noch mit einem verquirlten Ei an. Dann müssen die Drachen eine halbe Stunde an einem warmen Platz gehen. Vorher noch abdecken. Wenn sie sich im Volumen etwa verdreifacht haben, schiebe ich mein Blech in den vorgeheizten Ofen und backe die Drachen in 15 Minuten bei etwa 180-190° C (Umluft) schön goldbraun.

Man kann natürlich auch große Drachen mit spitzem Kopf und langem Schwanz formen.

30. APRIL
Melusine

Gebackene Götterbildnisse finden sich bereits im Alten Testament. Im Buch Jeremia (44,14) wird berichtet, dass die Frauen Opferkuchen mit dem Bildnis der »Himmelskönigin«, der Fruchtbarkeitsgöttin Astarte, gebacken und ihr Rauch- und Trankopfer dargebracht haben.

Melusinen sind Feen mit dem Schwanz einer Schlange, also eine Fantasiefigur, halb Mensch, halb Tier. Im 19. Jahrhundert kamen sie als Gebäck aus Frankreich (Poitou) zu uns. Es ist ganz typisch für die deutsche Küche, ausländische Gebäcke und Gerichte aufzunehmen, und ein paar Jahrzehnte später weiß niemand mehr, woher das Gebäck ursprünglich gekommen ist.

Die mystische Feengestalt der Melusine, halb Mensch, halb Schlange, fasziniert uns immer noch. Ihre Geschichte ist schnell erzählt:

Melusine erscheint dem Grafen Raimund von Poitiers in Menschengestalt und dieser ist sofort in Liebe entflammt. Sie verspricht ihm Glück, Ehre und Reichtum, wenn er sie denn zur Gemahlin nähme. Jedoch müsse er ihr versprechen, sie jeden Samstag frei zu stellen und ungestört zu lassen. Er dürfe auch nicht danach fragen, was sie an diesem Tage treibe. Wenn er dieses Tabu brechen sollte, dann wäre ihrer beider Glück dahin. Diese Bedingung erscheint dem verliebten Bräutigam leicht zu erfüllen. Doch nach vielen glücklichen Ehejahren und einigen gemeinsamen Kindern, säht der Bruder Raimunds Zweifel an den ehrenhaften Gründen für Melusines samstägliche Abwesenheit. Blind vor Wut und Eifersucht, dringt Raimund in die verschlossene Kammer ein und sieht seine Frau beim Bade. Ihr Körper geht vom Nabel an in einen Schlangenleib über. Halb Frau, halb Schlange, liegt Melusine in einem hölzernen Zuber. Er erkennt also, dass seine Frau kein Mensch ist, sondern eine Nymphe, die im Wasser beheimatet ist. Zunächst verschweigt er seinen Vertrauensbruch, und Melusine verzeiht ihm stillschweigend. Als jedoch einer ihrer Söhne ein grausames Verbrechen begeht, verliert Raimund die Selbstbeherrschung und bezeichnet seine Frau vor dem versammelten Hofstaat als Schuldige. Er wirft ihr ihre Schlangengestalt vor, damit ist der Pakt gebrochen, und Melusine muss zurück in ihre Welt der Elementgeister. Sie verwandelt sich in einen Geist und fliegt aus dem Fenster in die Lüfte davon. Das Glück der beiden ist damit für immer dahin, und Melusine kehrt nur noch auf das Schloss zurück, wenn einer aus dem Geschlechte der Lusignan sterben wird. In Geistergestalt schwebt sie dann um den Turm des Schlosses.

Diese magischen Schlangenfrauen backen wir am 30. April, der Walpurgisnacht, der Nacht der Hexen, Feen und magischen Frauen.

Melusinen

Zutaten für 4 Stück

500 g Weizenmehl
40 g Hefe
50 g Zucker
50 g Butter
7 g Salz
100 g lauwarme Milch
100 g Sauerrahm
60 g Eigelb (3 Stück)
100 g Vollei (2 Stück)

5 g Kardamom
abgeriebene Zitronenschale, Vanille
Rosinen für die Augen

Alle Zutaten gebe ich in eine große Schüssel und knete einen feinen Hefeteig. Zuerst knete ich in der Schüssel, dann gebe ich etwas Mehl auf meine Tischplatte und knete auf dem Tisch weiter.
Wenn der Teig schön kompakt und glatt ist, kommt er zurück in
die Schüssel, wird abgedeckt und eine halbe Stunde in Ruhe gelassen. Dann wiege ich meine Teigstücke für die Melusinen aus.
Pro Stück benötige ich 2 × 115 g. Aus jedem Teigstück forme ich
eine lange Schlange. Die Hälfte der Schlangen bekommt einen
länglichen Kopf. Jetzt lege ich den Schlangenkopf nach oben und
forme mit dem Rest der Schlange einen ovalen Kreis. Das Ende
befestige ich am Hals meiner Melusine. Das zweite Teigstück lege
ich auch zu einem Oval und befestige die beiden Enden am Hals
der Melusine. Aus den Teigresten forme ich nun eine Halskrau-

se (20 g), die ich um die Teigenden schlinge. Jetzt bekommt die Melusine noch zwei Rosinenaugen und den Mund schneide ich mit einer Schere ein. Alle Gebildbrote lege ich nun auf ein mit Backpapier ausgelegtes Blech und bestreiche sie noch mit etwas verquirltem Ei. Wenn sich meine Melusinen im Volumen ungefähr verdreifacht haben, schiebe ich sie in den vorgeheizten Ofen. Bei 180° C (Umluft) brauchen sie 20-25 Minuten.

PFINGSTEN

Früher wurde am Pfingstsonntag in manchen Gegenden der sogenannte Pfingstlümmel gekürt. Das war derjenige, der als Letzter am Frühstückstisch auftauchte, und er wurde dann das ganze Jahr wegen seiner Faulheit gehänselt. Die Mädchen nannte man »Pfingstjungfer« oder »Pfingstbraut«. Sie wurden mit dem Neckvers verspottet:

Pfingstbraut,
du faule Haut!
Wärst du eher aufgstand'n
wärst du nicht in unsren Band'n.

Mancherorts zogen die Kinder von Bauernhof zu Bauernhof. Ein Junge verkleidete sich als Pfingstochse, und ein Mädchen wurde mit Blumen, Grünzeug, Primeln, Lichtnelken, Wermut und bunten Bändern als Pfingstbraut verziert. So zogen die Kinder durch die Nachbarschaft und sammelten Speck, Eier, Trockenfrüchte und Pfingstkuchen ein. Diese wurden dann abends gemeinsam verspeist.

In der Zeit um Pfingsten fand auch meistens die Firmung statt, je nachdem, wann der Bischof für die Gemeinde Zeit hatte. Es war auch gar kein Familienfest wie heutzutage, sondern eine Sache zwischen dem Goden (Paten) und dem Firmling. Die Patenkinder brachten deshalb ihren Paten eine Goden-Torte, um sie in gute Stimmung zu versetzen.

Feine Goden-Torte

Zutaten für eine Torte
Böden (5 Stück mit 28 cm Durchmesser)

300 g Eiweiß (10 Stück)
160 g Zucker
160 g Butter
160 g Marzipan
80 g kandierter Ingwer, fein gehackt
abgeriebene Zitronenschale, Vanille
200 g Eigelb (10 Stück)
260 g Weizenmehl
5 g Backpulver
80 g geriebene Mandeln

Zuerst rühre ich das Eiweiß mit dem Zucker zu einem festen Eischnee. Dann wärme ich die Butter leicht an und gebe das Marzipan bröckchenweise dazu. Dann rühre ich den Ingwer und die Gewürze unter. Dies wird nun schaumig gerührt und die Eigelbe nach und nach untergeschlagen. Jetzt hebe ich vorsichtig ein wenig Eischnee unter die Fettmasse. Dann gebe ich den Rest des Eiweißes dazu, und auch die restlichen Zutaten werden vorsichtig untergehoben. Anschließend streiche ich 5 dünne Böden auf. Diese backe ich im vorgeheizten Ofen bei 205° C (Umluft) in 8-10 Minuten goldbraun. Während die Böden abkühlen, bereite ich meine Weißwein-Zitronencreme zu.

Weißwein-Zitronencreme
900 g Weißwein
225 g Zucker
150 g Butter

100 g Zitronensaft
abgeriebene Zitronenschale
100 g Eigelb (5 Stück)
60 g Stärke

Für das Dekor

300 g Marzipan
150 g Puderzucker
100 g Aprikosenmarmelade
170 g Fondant (mit Wasser verdünnt)
kandierter Ingwer
20 g gehobelte und geröstete Mandeln

Zuerst verrühre ich die Stärke mit den Eigelben und der Zitronenschale, dann rühre ich so viel Weißwein ein, bis eine flüssige Masse entstanden ist. Dann koche ich den restlichen Weißwein zusammen mit Zucker, Butter und Zitronensaft auf und rühre das Stärkegemisch darunter. Nun lasse ich die Weißweincreme noch einmal aufkochen. Hierbei muss ich ständig gut umrühren, damit meine Creme nicht anbrennt. Jetzt steche ich die abgekühlten Böden mit einem Ring aus und gebe einen Boden in einen 6 cm hohen (Durchmesser 28 cm) Ring. Hierauf kommen 2 Schöpflöffel Weinzitronencreme. Diese verteile ich auf dem Boden. Nun kommt der nächste Boden darauf und wieder Creme. Bei den letzten beiden Böden schaue ich, wieviel Creme noch übrig ist, und verteile diese Creme gleichmäßig, damit alles aufgebraucht ist. Jetzt muss die Torte über Nacht im Kühlschrank ruhen. Am nächsten Tag schneide ich die Torte aus dem Ring und streiche sie dünn mit etwas Aprikosenmarmelade ein. Anschließend verknete ich 300 g Marzipan und 150 g Puderzucker. Dann rolle ich das verknetete Marzipan aus und decke die Torte damit ein. Damit es nicht klebt, bestäube ich mit Puderzucker. Nun koche ich

etwas Aprikosenmarmelade und streiche das Marzipan damit ein. Jetzt wird die Torte noch mit warmem Fondant (40° C) oder Zuckerguss überzogen. Auf jedes Stück lege ich ein Stückchen kandierten Ingwer und zum Schluss setze ich den Rand meiner Torte mit den gehobelten, gerösteten Mandeln ab.

PFINGSTMONTAG

Die Nacht von Pfingstsonntag auf Pfingstmontag (mancherorts auch von Samstag auf Sonntag) gilt in manchen Regionen als eine der Freinächte, in denen alles bewegliche, herumstehende Gut gern von den jungen Burschen verräumt und anderswo – auf dem Marktplatz zum Beispiel – wieder aufgebaut wurde. Die blamierten Bauern mussten dann unter dem Gespött der Leute ihr Hab und Gut dort abholen.

Nach der ganzen Plackerei brauchte man natürlich etwas Ordentliches zum Essen und so bereitete die Bäuerin an Pfingsten meistens einen schönen Ochsenbraten für ihre Liebsten zu. Und wenn schon die ersten Erdbeeren reif waren, gab es am Nachmittag zur Kaffeestunde eine feine Erdbeersulz. Da diese nicht nur sehr lecker schmeckt, sondern auch noch ganz einfach herzustellen ist, kommt hier ein modernes Rezept mit einem süßen Basilikumpesto.

Feine Erdbeersulz mit Basilikumpesto

Zutaten für 12 kleine Gläser
Erdbeersulz:
250 g Erdbeeren
150 g Zucker
50 g Rum
100 g Weißwein
4 Blatt Gelatine
150 g geschlagene Sahne

Basilikumpesto

  100 g Weißwein
  50 g Wasser
  50 g Zucker
  60 g Basilikum
  30 g Pinienkerne, geröstet
  etwas abgeriebene Zitronenschale
  Erdbeeren zum Verzieren

Zuerst weiche ich die Gelatine in kaltem Wasser ein. Dann zerdrücke ich die Erdbeeren und vermische sie mit dem Zucker. Nun drücke ich die Gelatine gut aus und gebe sie zu den Erdbeeren. Ich erwärme mein Erdbeer-Gelatine-Gemisch auf einem heißen Wasserbad, bis die Gelatine ganz aufgelöst ist. Nun nehme ich die Erdbeeren vom Wasserbad und gebe Rum und Weißwein dazu. Anschließend hebe ich die geschlagene Sahne vorsichtig unter. Dann fülle ich die Sulz in schöne kleine Gläschen ab. Sie sollten etwa zu $^4/_5$ gefüllt sein. Jetzt aber ab in den Kühlschrank damit. Während es sich die Erdbeersulz im Kühlschrank gemütlich macht, bereite ich das Basilikumpesto zu.

Weißwein, Wasser, Zucker, Basilikum und Pinienkerne gebe ich in ein hohes Gefäß und püriere alles. Anschließend gebe ich auf jedes meiner Desserts etwas von dem Basilikumpesto. Als Deko lege ich dann noch eine geviertelte Erdbeere auf jedes Glas.

DREIFALTIGKEITSSONNTAG

Der Dreifaltigkeitstag (Trinitatis) wird am Sonntag nach Pfingsten gefeiert. An diesem Sonntag wird noch einmal besonders die Einheit von Vater, Sohn und Heiligem Geist gefeiert, und es finden zahlreiche Wallfahrten, Flurumgänge und Prozessionen statt.

Dieser Tag wird auch als der Goldene Sonntag bezeichnet, da nach einer Sage an diesem Tag eine goldene Wunderblume erblühen soll. Findet man sie, kann man damit verwunschene Jungfrauen erlösen. Und an diesem Tage geborene Kinder sollen ein besonders glückliches Leben vor sich haben. Leider sind die Wunderblumen immer seltener geworden.

Natürlich gibt es auch ein besonderes Gebäck für diesen Tag, den Dreifaltigkeitsknopf, der die Dreifaltigkeit Gottes symbolisch darstellen soll. Zum einen durch die drei dem Hefeteig zugesetzten Zutaten: Rosinen, Haselnüsse und Orangeat, und zum Zweiten durch die drei Stränge, die zwar sichtbar bleiben, aber doch in diesem Gebäck zu einem Ganzen verschmelzen.

Dreifaltigkeitsknöpfe

Zutaten für 28 Stück

500 g Weizenmehl
40 g Hefe
50 g Zucker
50 g Butter
7 g Salz
200 g lauwarme Milch
40 g Eigelb (2 Stück)

100 g Ei (2 Stück)
abgeriebene Zitronenschale, Vanille, Macis (Muskatblüte)
50 g Rosinen
50 g gehackte geröstete Haselnüsse
50 g Orangeat

Aus allen Zutaten außer Rosinen, Haselnüssen und Orangeat knete ich einen schönen Hefeteig. Wenn der Teig Blasen schlägt, kommen die Trockenfrüchte und Nüsse dazu. Kurz knete ich sie unter und stelle dann den Teig für etwa 30 Minuten an einen warmen Ort. Damit er keine Haut bekommt, habe ich ihn vorher noch abgedeckt. Anschließend forme ich aus dem Teig 40 g schwere Teigkugeln. Aus jeder Kugel rolle ich eine Schlange. Die beiden Enden lege ich so übereinander, dass eine Schlinge entsteht. Der längere Strang wird nun von oben durch die Schlaufe geführt. Jetzt wird das zweite Schlangenende nach unten geführt und so unter den Knopf gelegt. Wenn man alles richtig gemacht hat, dann

sieht man schön die drei Stränge. Jetzt lege ich die Dreifaltigkeits-
knöpfe auf ein mit Backpapier ausgelegtes Blech. Dann streiche
ich alle mit verquirltem Ei an. An einem warmen Platz in der
Küche müssen die Knöpfe nun ihr Volumen etwa verdreifachen.
Dann backe ich sie im vorgeheizten Ofen bei 190° C (Umluft) in
etwa 15 Minuten goldbraun.

21. UND 24. JUNI
Sommersonnenwende – Johannistag

In der Mittsommernacht am 21. Juni, der Nacht der Sonnenwende und der kürzesten Nacht des Jahres, werden die Wald- und Naturgeister sichtbar. Dies ist die Nacht, in der die Feen und Elfen im Wald musizieren und tanzen. Dämonen gehen um und Hexen halten ihre Gelage ab. Kräuter, die in dieser Nacht wachsen und gepflückt werden, gelten als besonders heil- und zauberkräftig. Die Sonnwendfeuer werden entzündet. Drei Tage später, an Johanni, werden wieder große Scheiterhaufen aufgetürmt und angezündet. Wer in dieser Nacht durch das Johannifeuer sprang, reinigte sich von Krankheit und überwand das Unheil.

Der Holunderbaum war bei den Germanen ein heiliger Baum. Hier saßen die guten Geister, die das Haus beschützten. Eine ganz besondere Wirkung entfaltete der Holunder am Johannistag: Wer an diesem Tag eine gebackene Holunderdolde isst, der bekommt ausreichend Kraft, damit er am höchsten über das Johannisfeuer springen kann, und er wird das ganze Jahr nicht krank. Deshalb wurden an diesem Tag Hollerkücherl gebacken. Auch Brennnessel-Pfannkuchen isst man an Johanni – denn die Brennnessel galt schon immer als Mittel gegen den Nixen- und Elfenzauber.

Auch haben die Bäuerinnen noch bis ins 18. Jahrhundert die sogenannten Sonnenweckl gebacken. Dies waren etwa handtellergroße Brote mit Einkerbungen von der Mitte nach außen, die die Sonnenstrahlen symbolisieren sollten.

Sonnenweckl

Zutaten für 4 Stück

450 g Weizenmehl (Type 550)
50 g Roggenmehl (Type 997)
15 g Hefe
9 g Salz
10 g Butter
300 g Wasser (lauwarm)
Leinsamen, Sesam, Mohn zum Verzieren

Aus lauwarmem Wasser, Hefe, Salz, Butter und Weizenmehl knete ich einen glatten Teig. Dann decke ich ihn ab und lasse meinen
Teig eine halbe Stunde ruhen. Jetzt wiege ich 180 g und 25 g schwere Teigstücke ab und forme runde Brote. Diese decke ich ab und
lasse sie 15 Min. ruhen, damit die Hefe sich entwickeln kann.

Aus den großen Teigstücken rolle ich runde Fladen aus. Mit einem Messer schneide ich die Fladen so ein, dass ein Sonnen- strahlenmuster entsteht. Am allerbesten geht das mit einem Tor- teneinteiler. Jetzt pinsele ich das Weckl mit Wasser an und bestreue die äußeren Strahlen mit Sesam oder Mohn. Jeder Sonnenstrahl wird von mir zweimal eingedreht. Für die Mitte nehme ich die kleinen Teigstücke, daraus forme ich runde Kugeln und rolle sie ein wenig flach. Dann pinsele ich sie mit Wasser an und tauche die flachen Kugeln in Leinsaat. Die Leinsamensemmeln lege ich in die Mitte der Sonnenweckl. Die Sonnenweckl lege ich auf ein Blech mit Backpapier und decke sie ab. Wenn sie ihr Volumen ungefähr verdreifacht haben, backe ich sie im vorgeheizten Ofen bei 210° C (Umluft). Nach 5 Minuten schalte ich den Ofen auf 190° C zurück und backe die Weckl weitere 15-20 Minuten, bis sie schön goldbraun sind.

Wespennester

Im Juli, wenn die ersten Wespen unsere gemütlichen Abendessen auf der Terrasse stören, haben die Bäuerinnen in Bayern die leckeren Wespennester gebacken. Wahrscheinlich wollten sie so einen magischen Backzauber anwenden und die Wespen von ihrem Hof fernhalten. Oder die Wespen haben sich auf das süße Gebäck gestürzt, und so ist es zu seinem Namen gekommen.

Zutaten für 11 Stück

Hefeteig
    250 g Weizenmehl
    20 g Hefe
    25 g Zucker
    50 g Butter
    25 g Quark
    3 g Salz
    100 g Milch
    20 g Eigelb (1 Stück)
    50 g Vollei (1 Stück)
    abgeriebene Zitronenschale, Macis (Muskatblüte)

Zum Einrollen
    40 g Butter
    50 g Zucker und 1 g geriebenen Zimt (für Zimtzucker mischen)

40 g geriebene geröstete Haselnüsse
75 g Rosinen
50 g Rum
Butter zum Einfetten

Für das Dekor

100 g Aprikosenmarmelade
50 g Fondant

Am Vortag lege ich die Rosinen im Rum ein. Am nächsten Tag gebe ich alle Zutaten für den Hefeteig in eine Schüssel und knete daraus einen wollig weichen Hefeteig. Ich decke ihn ab und lasse in 20 Minuten in Ruhe. Dann rolle ich ihn schön dünn aus (30 cm × 44 cm). Die Butter löse ich auf und bestreiche damit den Teig. Darauf verteile ich die in Rum eingelegten Rosinen und die geriebenen Haselnüssen und bestreue das Ganze mit dem Zimtzucker.

Jetzt wird der Teig eingerollt. Anschließend schneide ich meine Rolle in 4 cm dicke Scheiben. Drei feuerfeste runde Formen schmiere ich dick mit Butter ein. Hier hinein lege ich die einzelnen Wespennester. Abgedeckt muss der Teig nun eine halbe Stunde ruhen. Wenn die Wespennester ihr Volumen etwa verdreifacht haben, kann ich sie im vorgeheizten Ofen bei 190° C (Umluft) in etwa 30-40 Minuten goldbraun backen. Nach dem Abkühlen stürze ich meine Wespennester aus der Form und pinsele sie mit heißer Aprikosenmarmelade an. Anschließend bestreiche ich sie noch mit warmem Fondant, den ich vorher noch mit etwas Wasser verdünnt habe.

Daubeerdatschi

Im Juli ist Beerenzeit. Überall gibt es jetzt bei uns Blaubeeren, Himbeeren, Johannisbeeren und Stachelbeeren. Früher hatten die Bäuerinnen ja gar keine andere Wahl, als das auf den Tisch zu bringen, was gerade im Garten reif war, und deshalb wurde im Juli viel mit leckeren Beeren aller Art gebacken.

Obwohl wir inzwischen dank moderner Technik und schneller Transportmittel das ganze Jahr über fast alle Früchte zu unserer Verfügung haben, schmecken doch unsere heimischen Beeren frisch vom Strauch immer noch am besten. Und nichts geht über schöne Daubeern im Juli.

Sie wissen nicht, was Daubeern sind? Manchmal werden sie auch Hoaba oder Taubirl genannt. Nicht einmal mehr in Bayern ist dieser alte Begriff für Blaubeeren noch im Gebrauch. Natürlich kann man vieles mit einer guten Schüssel voll Daubeern machen, aber ein wahres Gedicht ist ein Daubeerdatschi. Mein Daubeerdatschi ist kinderleicht zu machen.

Daubeerdatschi

Streusel

70 g Butter
70 g Zucker
140 g Weizenmehl
etwas abgeriebene Zitronenschale

Rezept für eine Reine 25 cm × 35 cm

500 g Daubeeren (Blaubeeren)
175 g Butter
175 g Zucker
Vanille, abgeriebene Zitronenschale
Prise Salz
200 g Eier (4 Stück)
175 g Weizenmehl
60 g Maisstärke
5 g Backpulver

Zuerst wasche ich die Blaubeeren und lasse sie gut abtropfen. Als Nächstes bereite ich die Streusel. Hierfür verknete ich einfach Butter, abgeriebene Zitronenschale und Zucker. Anschließend kommt das Mehl dazu und ich knete so lange, bis feine Streusel entstehen. Diese stelle ich erst einmal zur Seite. Denn jetzt muss ich meinen Daubeerdatschiteig bereiten. Hierfür wärme ich die Butter ein wenig an und rühre sie zusammen mit den Gewürzen schön cremig. Nun rühre ich die Eier nach und nach unter. Zum Schluss rühre ich Weizenmehl, Stärke und Backpulver, die vorher zusammen versiebt wurden, in meine Masse. Diese streiche ich in eine mit Butter gefettete Reine. Anschließend verteile ich die Daubeern schön gleichmäßig auf dem Teig. Obendrauf schnell die Streusel gestreut und dann ab ins vorgeheizte Backrohr. Bei 180° C ist der Daubeerdatschi nach etwa einer halben Stunde schön goldbraun gebacken und fertig. Jetzt ist gerade noch Zeit, den Kaffee aufzusetzen und den Tisch zu decken. Wenn der Datschi aus dem Ofen kommt, noch etwas geschlagene Sahne herrichten, weil er mit einem Klecks Sahne besonders gut schmeckt.

25. JULI
Jakobi

Am Jakobstag wurde in vielen Gegenden das erste Erntefest gefeiert, denn ein Teil der Ernte war ja bereits eingebracht. An Jakobi gibt es die ersten Kartoffeln, das erste Getreide und die ersten
Frühäpfel. Diese sogenannten Jakobiäpfel waren lang herbeige-
sehnt und mussten entsprechend gefeiert werden. Deshalb ist es
nicht verwunderlich, dass an Jakobi traditionell ein Apfelstrudel
gebacken wurde. Das Typische am Münchner Millirahmstrudel
ist, dass er einen Sahneguss bekommt.

Münchner Millirahmstrudel

Zutaten für eine Reine (25 cm × 35 cm)
Strudelteig:
125 g Mehl
20 g Eigelb (1 Stück)
50 g Wasser
12 g Öl
1 Prise Salz

Füllung
1000 g leicht säuerliche Äpfel
100 g Zucker
75 g Sultaninen
Zimt
Zitronensaft
flüssige Butter zum Bestreichen

Millirahmguss

    500 g Sahne
    250 g Eier (5 Stück)
    100 g Zucker
    etwas abgeriebene Zitronenschale
    Prise Vanille

Zuerst mache ich meinen Strudelteig. Hierfür siebe ich das Mehl in eine Schüssel und gebe dann alle anderen Zutaten dazu. Jetzt wird fleißig alles so lange geknetet, bis ein glatter Teig entstanden ist. Etwas Wasser halte ich zurück und gebe je nach Festigkeit des Teiges noch etwas nach. Meinen Strudelteig wickle ich nun in Folie und lasse ihn etwa eine halbe Stunde entspannen. Inzwischen schäle ich die Äpfel, entkerne sie und schneide sie klein. Dann beträufle ich sie mit Zitronensaft, damit sie nicht braun werden.

    Jetzt rolle ich den Strudelteig ganz dünn aus und lege ihn auf ein bemehltes Geschirrtuch (60 cm × 40 cm). Dann ziehe ich den Teig mit der Hand noch weiter aus. Er muss so dünn sein, dass man eine Tageszeitung darunter lesen kann.

Jetzt wird der Teig mit flüssiger Butter bestrichen. Ich lege die Apfelstücke als Strang an die lange Seite des Strudelteigs. Die Sultaninen streue ich darüber. Dann vermische ich den Zucker und den Zimt und verteile dieses Gemisch über den Äpfeln.

Jetzt kommt der Trick: Ich rolle den Strudel durch Hochheben des Tuches ein. So geht das ohne Schwierigkeiten. Meinen Strudel schneide ich nun in der Mitte durch und lege beide Stränge in eine Reine (25 cm × 35 cm). Nun noch schnell die Zutaten für den Guss verrühren und über den Strudel gießen. Den Ofen habe ich bereits vorgeheizt und kann meinen Münchner Millirahmstrudel bei 180° C (Umluft) in 45-60 Minuten goldbraun backen. Nach dem Backen pinsele ich meinen Strudel noch mit flüssiger Butter an. Dann glänzt der Strudel schön. Mit einer selbstgemachten Vanillesoße schmeckt er einfach göttlich.

15. AUGUST
Mariä Himmelfahrt

Mariä Himmelfahrt am 15. August wurde auch der große Frauentag genannt, weil er der Auftakt zum sogenannten Frauendreißiger ist. So bezeichnet man die Wallfahrtsaison in Bayern zwischen Mariä Himmelfahrt und Mariä Namen am 12. September. Früher ging man an diesem Tag auf Wallfahrt, um dann in der Kirche seine Kräuterbuschen weihen zu lassen. Angeblich gehen diese Kräuterbuschen auf die nach der Himmelfahrt Marias in ihrem Sarg gefundenen Blumen zurück, weshalb in einen solchen Kräuterstrauß nur heilige Blumen aufgenommen werden dürfen, z. B. Königskerzen, Mohn oder brennende Lieb. Hexenkräuter jedoch durften auf keinen Fall verwendet werden, denn die Kräuter, die die Hexen für ihre Zaubertränke verwendeten, wie z. B. Bockskraut oder Brunelle, hätten den Kräuterbuschen entweiht.

Am wichtigsten waren die Königskerze, die immer in der Mitte des Straußes thronte, und die Rose, da Maria als die Königin der Rosen galt. Ansonsten nahm man Getreideähren, Nusszweige, Blütenblätter, Garten-, Gewürz-, Heil- und Teekräuter. Natürlich musste der Kräuterbuschen eine magische Zahl an Kräutern enthalten, also 7, 9, 15, 77 oder 99. Nach der Weihe in der Kirche wurden die einzelnen Kräuter für alle möglichen und unmöglichen Anwendungen genutzt: Für Magenleiden war immer ein magisches Kräuterchen im Strauß, die Nüsse beschützten die Milchkammer vor Hexen und Geistern. Oder man hat den ganzen

Strauß einfach an geeigneter Stelle im Haus aufgehängt. Dort
konnte er dann seine heilsame Wirkung verbreiten. Am nächsten Hochfest wurde er dann verbrannt und durch einen neuen
ersetzt.

Und gebacken hat man an Mariä Himmelfahrt die leckeren
Muttergottes-Platzl.

Muttergottes-Platzl

Zutaten für 55 Stück

50 g Zucker
200 g Butter
150 g Marzipanrohmasse
Mark einer halben Vanilleschote
etwas abgeriebene Zitronenschale
200 g Mehl

Füllung (Ganache)

100 g Sahne
200 g Zartbitterkuvertüre, fein gehackt

Dekor

Puderzucker und Kakaopulver

Zucker, Butter, Marzipanrohmasse, Vanille und abgeriebene Zitronenschale verknete ich. Dann siebe ich das Mehl und knete
es unter. Den Teig wickle ich in eine Folie und stelle ihn kalt. Am
besten über Nacht, mindestens jedoch für 3 Stunden. Am nächsten Tag rolle ich meinen Teig etwa messerrückendick aus und
steche kleine runde Platzerl aus. Alle Plätzchen lege ich auf ein
mit Backpapier ausgelegtes Backblech. Bei 180° C werden die

Muttergottes-Plätzchen in etwa 8-10 Minuten goldgelb gebacken. Während die Plätzchen auskühlen, koche ich meinen Ganache. Hierfür lasse ich die Sahne kurz aufkochen und gebe dann die fein gehackte Zartbitterkuvertüre dazu. Das Ganze verrühre ich jetzt gut und lasse den Ganache dann auskühlen. Auf die eine Hälfte der Plätzchen gebe ich einen Klecks von meiner Schoko-creme und lege die restlichen Plätzchen darauf. Dann decke ich die Hälfte der Plätzchen ab und staube die freie Hälfte mit Puder-zucker ein. Nun decke ich die gepuderte ab und staube die andere Seite mit Kakaopulver ein.

24. AUGUST
Bartholomäus

Die Würzburger brauchen natürlich eine Extrawurst, denn sie feiern die Kirchweih nicht nur am 3. Sonntag im Oktober, wie die anderen braven Katholiken im Bayernlande. Nein, die Frankenthäler machen am 24. August in der Semmelstraße ihre »Zwiwelkerwa« also die Zwiebelkirchweih. Denn schließlich sind da die ersten jungen Zwiebeln erntereif.

Würzburger Zwiebelkuchen

Zutaten für einen Kuchen 5 cm hoch mit 28 cm Durchmesser

geriebener Teig
80 g Butter
250 g Weizenmehl
1 g Salz
20 g Eigelb (1 Stück)
100 g Wasser
10 g Hefe

Zwiebelmasse
50 g Speck
etwas Kümmel
etwas Olivenöl
1000 g Zwiebeln in dünne Ringe geschnitten
2 Knoblauchzehen, fein gehackt
Salz und Pfeffer

200 g Eier (4 Stück)
500 g Milch

Zuerst verreibe ich Butter, Mehl und Salz miteinander. Dann knete ich die restlichen Zutaten unter. Den fertigen Teig wickle ich in Folie und stelle ihn für eine halbe Stunde kalt. In dieser Zeit bereite ich die Zwiebelmasse. Hierfür brate ich Speck und Kümmel in etwas Olivenöl an. Die Zwiebeln und den Knoblauch gebe ich dazu und dünste alles glasig an. Nun würze ich meine Masse großzügig mit Salz und Pfeffer und rühre Milch und Eier unter.

Jetzt fette ich einen Ring (Durchmesser 28 cm) und lege ihn auf ein mit Backpapier ausgelegtes Backblech. Dann rolle ich den Teig aus und lege damit den Ring aus. Den Rand gut abdichten. Dann fülle ich die Zwiebelmasse ein und backe meinen Würzburger Zwiebelkuchen im vorgeheizten Ofen bei 190° C für etwa 45-55 Minuten.

Erntegebäcke

Die Erntefeste waren natürlich die größten und wichtigsten bäuerlichen Feste und erstreckten sich oftmals über mehrere Tage. Es gab die verschiedensten Ernten, die gefeiert werden mussten: Getreideernte, Apfelernte, Kartoffelernte, Hopfenernte, Senfernte, Gemüseernte usw. Heute gibt es einen offiziellen Erntedanktag. Am ersten Sonntag im Oktober werden in der Kirche Brot und Getreide geweiht und der kirchliche Erntedank wird zelebriert. Die alten Erntebräuche sind weitgehend verschwunden, da das Einbringen der Feldfrüchte heutzutage überwiegend mit Maschinen bewältigt wird und der Bauer oftmals kaum mehr Personal benötigt. Die alten Tätigkeiten des Mähens, Bindens und Garbenaufstellens sind nicht mehr nötig und die damit verbundenen brauchtümlichen Handlungen nicht mehr erforderlich. Früher war Erntedank für die Knechte und Mägde ein Festtag und das Festessen und die anschließenden Mehlspeisen das Wichtigste. Schließlich wurde nicht so oft im Jahr so üppig aufgetischt. Die Knechte konnten das Mahl schon richtig genießen, denn ihre Arbeit war getan, aber die Mägde mussten zuvor der Bäuerin beim Kochen, Backen und Auftragen zur Hand gehen. Und wenn eigentlich schon alle satt waren, wurden die Schmalznudeln aufgetragen. Jede Bäuerin hatte natürlich ihr eigenes Spezialrezept für gefüllte Polsterzipf, Bachene Knöpf, Storchennester, Schusterbuam, Topfenküchel, Hahnenkämme, Butterkrapferl, Strauben, Zwetschgenbavesen, Schlitzaugen, Auszogne, drahte Nudeln, Springnudeln und wie sie alle heißen.

Im Kornfeld treiben die Korngeister ihr Unwesen. Je nach Landstrich hießen sie anders: Kornhahn, Roggenbock, Kornsau, Kornwolf, Kornkatze, Bullkater oder Erntehenne. Wenn jedoch der Bauer mit den Knechten und ihren Sensen kam, flüchteten die Korngeister in die letzte Garbe. Diese wurde immer besonders behandelt. Mancherorts wurde sie stehen gelassen oder man nahm sie mit auf den Hof und konnte so die Korngeister in seine Gewalt bringen.

Gebackene Korngeister oder Ährenbrote waren ein Gebildbrot, das fast nur in den Bäckereien gebacken wurde.

Korngeister und Ähren

Zutaten für 3 Korngeister und 6 Ähren

    500 g Weizenmehl
    15 g Hefe
    9 g Salz
    10 g Butter
    300 gWasser (lauwarm)
    Leinsamen, Sesam, Mohn zum Verzieren.

Aus lauwarmem Wasser, Hefe, Salz, Butter und Weizenmehl knete ich einen schönen Semmelteig. Wenn er glatt ist und Blasen schlägt, decke ich ihn ab und lasse meinen Semmelteig eine halbe Stunde ruhen. Anschließend kann ich die einzelnen Gebildbrote formen.

Korngeister

Für einen Korngeist braucht man vier 30 g schwere Teigstücke. Daraus forme ich in der Hand runde Semmeln.

Für den Kopf drücke ich die Semmel nur etwas flach. Für die Arme muss ich eine längere Schlange formen, der Bauch wird länglich und rund. Für die Beine nimmt man eine längliche Semmel, die dann in der Mitte bis zum oberen Drittel durchgeschnitten wird. Dann schneide ich die Augen und den Mund hinein.

Die einzelnen Körperteile streiche ich mit Wasser ein und tauche sie zur Verzierung in verschiedene Saaten. Dann setzte ich meine Korngeister zusammen und lege die kleinen Männer auf ein mit Backpapier ausgelegtes Blech.

Jetzt müssen sie nur noch an einem warmen Ort schön gehen und ihr Volumen verdreifachen. Damit sie keine Haut bekommen decke ich sie ab. Dann dürfen sie in den vorgeheizten Ofen bei 210° C (Umluft). Fünf Minuten backe ich sie heiß an. Dann schalte ich den Ofen auf 190° zurück und backe die Korngeister, damit sie schön goldbraun werden, für weitere 10 Minuten.

Ähren

Für zwei Ähren braucht man drei 30 g schwere Teigstücke.

Aus zwei Teigstücken forme ich längliche Ähren. Diese pinsele ich mit Wasser ein und tauche sie dann in Sesam oder Mohn. Jetzt hole ich mir eine scharfe Schere und schneide ein Ährenmuster ein. Aber damit meine Ähren perfekt aussehen, brauchen sie auch noch einen Halm. Aus je einem halben Teigstück (15 g) forme ich eine lange Schlange und setzte sie unter die Ähre. Dann lege ich meine Ähren auf ein mit Backpapier ausgelegtes Backblech. An einen warmen Ort stellen und abgedeckt etwa eine halbe Stunde ruhen lassen. Gebacken werden die Ähren wie die Korngeister, aber ich hole sie schon 2 Minuten früher aus dem Ofen.

Schusterbuam

Zutaten für 25 Stück

Für den Bierteig:

60 g Eiweiß (2 Stück)

30 g Zucker

eine Prise Salz

250 g Weizenmehl

40 g Eigelb (2 Stück)

250 g Weißbier

30 g Butter flüssig

etwas abgeriebene Zitronenschale

Außerdem

25-30 Zwetschgen

Marzipan

Butterschmalz zum Backen

Zuerst schlage ich Eiweiß, Zucker und Salz zu einem schönen festen Eischnee auf.

Dann verrühre ich Mehl, Eigelb, Weißbier, flüssige Butter und abgeriebene Zitronenschale. Die beiden Massen werden vorsichtig vermengt.

Dann schneide ich die Zwetschgen seitlich ein und hole den Kern heraus, In das Loch fülle ich einen schönen Brocken Marzipan. Dann drücke ich die Zwetschgen wieder zusammen. Nun braucht man die Zwetschgen nur noch in Mehl zu wenden und in den Bierteig zu tauchen. Anschließend sofort im heißen Fett (bei 170° C) auf beiden Seiten goldbraun ausbacken. Nach dem Backen lasse ich die Schusterbuam auf einem Küchenkrepp gut abtropfen und wälze sie dann in Zimtzucker. Wenn man hierzu noch eine Vanillesoße macht, dann ist man dem siebten Himmel ziemlich nahe.

Tipp: Schusterbuam schmecken auch genial mit Aprikosen!

8. SEPTEMBER
Mariä Geburt

Dies ist nach Weihnachten und dem Johannistag der einzige Geburtstag, der im Kirchenjahr gefeiert wird. Manchmal wurde Mariä Geburt auch der kleine Frauentag genannt.

Der Sommer neigt sich seinem Ende zu, und die ersten Vögel sammeln sich, um gen Süden aufzubrechen. »Mariä Geburt flieg'n die Schwalben furt« sagt deshalb der Volksmund.

Dafür gibt es jetzt Früchte in Fülle: Zwetschgen, Aprikosen, Birnen, Äpfel. Auch die ersten Haselnüsse und Walnüsse kann man schon ernten. Deshalb hat man Zwetschgendatschi, Zwetschgenknödel, Aprikosenknödel oder Niederbayerische Zwetschgenkuchen gebacken. Auch Schusterbuam waren sehr beliebt. Da die Walnüsse reif waren, wurde auch mit Walnüssen gebacken.

Nusstriangerl

Zutaten für 60 bis 70 Stück

125 g Butter
125 g Zucker
50 g Ei (1 Stück)
20 g Eigelb (1 Stück)
eine Prise Salz
3 g Zimt
3 g abgeriebene Zitronenschale
250 g Weizenmehl
5 g Backpulver
100 g geriebene Walnüsse

Für die Nusstriangerl verknete ich zuerst Butter und Zucker. In dieses Gemisch knete ich nach und nach Eier und Eigelb. Dann gebe ich die Gewürze dazu. Zum Schluss knete ich Mehl, Backpulver und Walnüsse unter. Der Nuss-Butter-Teig muss nun für mindestens 3 Stunden kalt gestellt werden. Je länger, desto leichter lässt er sich ausrollen. Deshalb mache ich meine Mürbeteige immer am Vortag und stelle sie über Nacht kalt. Am nächsten Tag rolle ich den Nussmürbeteig messerrückendick (2,5 mm) aus und stelle ihn, damit er nicht zu schnell wieder weich wird, portionsweise kalt. Dann immer ein Stückchen ausgerollten Teig aus dem Kühlschrank holen und Dreiecke ausstechen oder in 5 × 5 cm große Quadrate, dann einmal quer in Dreiecke schneiden. Bei der Hälfte der Dreiecke habe ich ein Loch in der Mitte ausgestochen. Anschließend lege ich meine Nusstriangerl auf ein Blech mit Backpapier und backe sie bei 180° C in 8-10 Minuten goldgelb. Wenn sie ausgekühlt sind, wird die eine Hälfte (die mit den Löchern) mit einer Puderzuckerglasur (mit Zitronensaft abschmecken) überzogen. Dafür nehme ich etwa 200 g Fondant, wärme ihn nur ganz leicht an und schmecke ihn mit Zitronensaft und etwas abgeriebener Zitronenschale ab. Dann tauche ich die Oberteile in den Fondant und lege die überzogenen Teilchen auf ein Stück Backpapier. Jetzt gebe ich auf die Unterteile einen Tupfen Himbeermarmelade und setzte dann die Überzogenen darauf. Nun kommt noch ein kleiner Tupfen Marmelade in das Loch. Auf die Hälfte meiner Plätzchen lege ich noch eine halbe Walnuss obendrauf.

DER ERSTE SCHULTAG
Brezentag

Am ersten Schultag beginnt der Ernst des Lebens. Um den ersten Schultag zu versüßen, bekommt jeder Abc-Schütze eine Schultüte mit allerlei Geschenken und Süßigkeiten. Mancherorts verkleiden sich die älteren Schüler als Handwerker, Magister, Narr oder Engel und veranstalten einen riesigen Krawall oder führen ein Theaterstück für die Schulanfänger auf.

Früher wurde der erste Schultag auch Brezentag genannt. Die Abc-Schützen mussten so viele Brezen verschenken, wie sie Lenze zählten. Als kleine Geste, dass sie Anteil nahmen an diesem wichtigen Tag, bekamen die Omas, Opas, Onkel, Tanten, Paten und Patinnen vom Schulanfänger eine Breze geschenkt. Ein paar Brezen sollten natürlich immer übrig bleiben, damit die Schüler in der Pause noch eine Brotzeit hatten.

Laugenbreze

Zutaten für 15 Stück
500 g Weizenmehl
250 g Wasser (ganz kalt)
15 g Hefe
10 g Butter
7 g Salz

Sonstige Zutaten
Natron
Grobes Salz

Für schöne Brezen braucht man einen festen Teig. Nur so kommen schöne, glatte, glänzende und knusprige Brezen aus dem Ofen. Dafür muss ich alle Zutaten in eine Schüssel geben und zu einem glatten Teig kneten. Brezenteige mögen im Gegensatz zu anderen Hefeteigen kein warmes Wasser, also muss man darauf achten, dass es schön kalt ist. Wenn der Teig fertig geknetet ist, teile ich ihn sofort in etwa 15 gleich große Stücke. Diese abdecken und dann zu Brezen formen. Ich lasse die fertigen Brezen etwa 10 Minuten stehen und tauche sie dann in Lauge.

Laugenherstellung:

Eine ungefährliche Lauge kann man ganz einfach mit Natron herstellen:

1 Liter Wasser aufkochen lassen, sofort vom Herd nehmen und dann 3 EL Natron unterrühren. Nun die Brezen mit einer Kelle mindestens 20 Sekunden eintauchen und dann auf ein mit Silikonfolie abgedecktes Blech legen. Je länger man die Brezen in die

Lauge taucht, desto intensiver wird die Kruste gebräunt. Eine andere Möglichkeit ist, die fertigen Brezen auf die Silikonfolie zu legen und die Lauge mit einem Pinsel aufzutragen.

Mit einem scharfen Messer einschneiden und mit grobem Salz bestreuen. Bei 210° C je nach Größe der Brezen etwa 15-20 Minuten backen.

29. SEPTEMBER
Michaeli

>»Der Michel zent's Liacht a,
>dass s' Dirndl spinna ka!«

So sagte der Bauer früher in Bayern. Denn an Sankt Michael wurde mit den Spinnarbeiten begonnen. Natürlich gab es auch dafür ein besonderes Brot, den Michaeli-Weck. Auch wenn es nur ein einfacher Hefeteig war, so war er für die Bauern doch etwas Besonderes, da sie ja die meiste Zeit nur Roggenmehl verarbeiteten. Und durch die raffinierten Gewürze, Vanille, Rosmarin und fein abgeriebene Orangenschale, die wir unserem Michaeli-Weck zusetzen, wird auch aus einem eigentlich ganz gewöhnlichen Hefeteig doch etwas Raffiniertes.

Zu Ehren des Ernteheiligen Michael gab es an diesem Tag früher ein besonderes Festmahl, denn die Erntekammern waren zu dieser Jahreszeit gut gefüllt. Die Meister luden ihre Gesellen ein, die Bauern baten ihre Knechte und die Hausherrn ihr Gesinde zu Tisch. Es wurde der Lichtlbraten serviert, eine gespickte Rindslende, dazu trank man den Michaeliwein. Und zum Nachtisch servierte man den Michaeli-Weck mit Butter und fruchtiger Marmelade.

Michaeli-Weck

Zutaten für 3 Stück

500 g Weizenmehl
40 g Hefe

50 g Zucker
50 g Butter
7 g Salz
200 g lauwarme Milch
40 g Eigelb (2 Stück)
100 g Vollei (2 Stück)
2 g Vanille
5 g abgeriebene Orangenschale
5 g Rosmarin, fein gehackt

Aus 200 g Weizenmehl, 150 g Milch und 40 g Hefe mache ich mir
einen Vorteig. Da dieser nun 20 Minuten reifen soll, wiege ich
in der Zwischenzeit die restlichen Zutaten ab. Jetzt mische ich
den reifen Vorteig mit den anderen Zutaten und knete so lange,
bis ein mittelweicher, schöner, glatter Hefeteig entstanden ist. Den
Teig decke ich ab und lasse ihn etwa eine halbe Stunde ruhen.
Dann schlage ich den Teig zusammen und wiege 330 g schwere

Teigstücke ab. Aus diesen forme ich längliche Wecken, die ich auf ein mit Backpapier ausgelegtes Blech lege. Anschließend streiche ich alle Wecken mit verquirltem Ei ein. Dann wieder abdecken und an einem warmen Ort gehen lassen. Wenn sich die Michaeli-Wecken im Volumen etwa verdreifacht haben, schneide ich sie dreimal schräg ein und schiebe sie dann sofort in den vorgeheizten Ofen. Bei 195° C müssen sie etwa 25 bis 35 Minuten dort ausharren, bis sie goldbraun gebacken sind. Nach 5 Minuten schalte ich den Ofen auf 180° C zurück.

12. OKTOBER
Agnes Bernauer

Am 12. Oktober 1435 wurde Agnes Bernauer, eine Baderstochter, in der Donau bei Straubing ertränkt. Das ist die tragische Geschichte der hübschen bürgerlichen Agnes Bernauer, die ihre Liebe zu Herzog Albrecht III. und ihre heimliche Ehe mit ihm mit dem Leben bezahlen musste. Zahlreiche Volkslieder besingen ihr tragisches Schicksal, als »Engel von Augsburg« wird sie im Volksmund verehrt. Vieles in ihrem Leben ist zur Legende verklärt worden, aber ihre Liebe zum Herzog Albrecht sprengte alle sozialen Schranken. Die spätmittelalterliche gottgewollte Standesordnung konnte solch einen Fall nicht dulden. Der Thronfolger eines bayerischen Herzoghauses heiratet die Tochter eines Baders, das war ein Skandal ohnegleichen. Im Gedenken an den Todestag der Agnes Bernauer backen wir am 12. Oktober eine Torte mit saftigen Mandel-Nuss-Baiserböden und einer leckeren Mocca-Rum-Creme:

Agnes-Bernauer-Torte

Zutaten
Böden (5 Stück)

420 g Eiweiß (14 Stück)
240 g Zucker
120 g geriebene Haselnüsse

120 g geriebene Mandeln
50 g Weizenmehl
3 g Zimt
1 Prise Vanille

Buttercreme

300 g Milch
100 g Zucker
30 g Stärke (z. B. Weizenstärke oder Kartoffelstärke)
40 g Eigelb (2 Stück)
1 Prise Vanille
Rum
2 Tassen starken Espresso
300 g Butter
120 g gehobelte und geröstete Mandeln
Puderzucker

Als Erstes bereite ich meine Böden. Hierfür schlage ich Eiweiß und Zucker zu einem schönen festen Eischnee. Das Weizenmehl siebe ich und mische es mit den restlichen Zutaten. Nun alles unter die schaumige Eiweißmasse heben. Anschließend streiche ich 5 dünne Böden (Durchmesser 28 cm) auf Bleche mit Backpapier auf. Im vorgeheizten Ofen bei 180° C backe ich sie etwa 15-18 Minuten, bis sie schön goldbraun sind, und lasse sie anschließend auskühlen. Während meine Böden abkühlen, bereite ich eine Buttercreme: Aus Milch, Zucker, Stärke, Eigelb und Vanille koche ich eine Vanillecreme. Milch und Zucker lasse ich aufkochen. Etwas Milch hebe ich auf, denn damit verrühre ich Stärke, Eigelb und Vanille. Dieses Gemisch rühre ich zügig unter die kochende Milch. Nun unter ständigem Rühren noch einmal aufkochen lassen, abdecken und abkühlen lassen. Dann rühre ich die weiche Butter schön schaumig und rühre dann die Vanillecreme

nach und nach unter. Anschließend schmecke ich meine Creme mit Rum und starkem kalten Espresso ab. Für die Tränke mische ich 100 g Puderzucker und 100 g Wasser. Mit einer Tasse starkem Espresso und etwas Rum wird die Tränke verfeinert. Jetzt setzte ich alle Böden mit der Buttercreme zusammen. Jeder Boden wird mit Rum-Espresso-Tränke getränkt. Anschließend streiche ich meine Torte mit der Buttercreme außen ganz ein und bestreue sie mit den gehobelten, gerösteten Mandeln. Zum Schluss siebe ich noch etwas Puderzucker über die Agnes-Bernauer-Torte.

14. OKTOBER
St. Burkardus

Burkard von Würzburg wurde um 700 in England geboren. 741 wurde er der erste Bischof von Würzburg und gründete 750 das Sankt-Andreas-Kloster in der Nähe von Würzburg, das später zu Ehren des Heiligen in St. Burkard umbenannt wurde. An einem 14. Oktober wurden seine Gebeine in das Andreaskloster überführt, daher ist dieser Tag sein Gedenktag. Über die Entstehung des Burkarduswecken gibt es natürlich eine schöne Legende: In Würzburg herrschte eine große Hungersnot, und damit die Armen nicht verhungerten, ließ der heilige Burkard Wecken backen, die er dann täglich an die Armen verteilen ließ. Im Andenken an diese milde Gabe gab es in Würzburg noch lange den Brauch, sich am 14. Oktober »um einen Burkardusweck zu grüßen«. Jeder, der einen Bekannten zuerst mit den Worten »Guten Morgen um einen Burkardusweck« begrüßte, bekam einen Wecken. In der Burkarderschule in Würzburg bekommen die Schüler am Burkardstag einen Burkarduswecken geschenkt. Und noch immer gibt es einige Bäcker in Würzburg, die dieses leckere Brot backen.

Burkardusweck

Zutaten für 3 Stück
400 g Roggenbrotteig
250 g Weizenmehl
5 g Salz
10 g Hefe

10 g Butter
140 g lauwarmes Wasser

Zum Aufstreuen

Fenchelsaat, Koriander und Kümmel

Den Roggenbrotteig besorge ich mir von meinem Bäcker, der hat immer ein bisschen Teig übrig. So ist es einfach viel bequemer, als wenn ich mir selber einen Teig mit Sauerteig machen muss. Wenn also mein Brotteig bereit ist, hole ich mir eine große Schüssel und lege ihn hinein, dazu kommt das lauwarme Wasser, in dem die Hefe aufgelöst wird. Nun einfach alle Zutaten dazugeben und kräftig kneten, bis der Teig Blasen wirft und sich vom Schüsselrand löst.

Ich decke meinen Teig ab und lasse ihn 20 Minuten ruhen. Dann wiege ich Teiglinge von 270 g ab und forme daraus die ringförmigen Burkaduswecken. Ich pinsele sie mit Wasser ein und streue Fenchelsaat, Koriander und Kümmel darauf. Jetzt muss nur noch die Hefe ihre Arbeit tun und dafür sorgen, dass sich meine Burkaduswecken im Volumen etwa verdreifachen. Dann schiebe ich sie in den auf 220° C vorgeheizten Ofen. Beim Einschieben sorge ich für etwas Dampf. Nach 2 Minuten stelle ich die Temperatur auf 190° C zurück, und nach 30-40 Minuten sind meine Burkarduswecken fertig gebacken.

1. UND 2. NOVEMBER
Allerheiligen – Allerseelen

An diesen Tagen steht das Gedenken der Erlösung der Heiligen und der Verstorbenen im Vordergrund. In Bayern ist Allerheiligen ein gesetzlicher Feiertag, an dem die Gräber geschmückt werden, und man gedenkt der verstorbenen Seelen. Früher war es üblich, den Toten geweihtes Brot, einen Seelenlaib oder einen Seelenstriezel, Milch und Wein aufs Grab zu stellen oder eine große Seelenbreze an den Grabstein oder das Kreuz zu hängen. Man ging davon aus, dass die Verstorbenen in der Allerseelennacht für eine Nacht leibhaftig auf die Erde zurückkehren, deshalb bekamen sie etwas zum Essen hingestellt. Auch das Grablicht hatte einen durchaus praktischen Sinn. Nachdem die Seelen auf der Erde umhergewandert waren, sollten die Lichter ihnen den Weg zurück beleuchten, denn am Tag nach Allerheiligen müssen die Seelen wieder in ihre Gräber kriechen, damit die Ordnung wiederhergestellt ist.

In Süddeutschland war es üblich, dass die Kinder von ihren Paten einen Allerheiligenstriezel geschenkt bekamen. Und bis ins 19. Jahrhundert gab es den Brauch, dass die Bäcker am 1. November ihren Kunden einen Allerheiligenstriezel schenkten.

In Altbayern bekamen die Kinder jedes Jahr an Allerseelen ihren Seelenstriezel vom Taufgöd (Taufpaten) geschenkt. Der Striezel wurde von Jahr zu Jahr etwas kleiner, bis ein Jahr vor der Firmung. In diesem Jahr wurden die Mädchen oder Jungen »abgefertigt«, d. h., es wurde ihnen zum letzten Mal vom Taufpaten ein Seelenzopf geschenkt. Dieser mittlerweile klein gewordene Striezel wurde durch ein kleines Geschenk zwar noch etwas aufgewertet, aber nach der Firmung war es dann mit den Geschenken an Allerseelen vorbei. Die Kinder gaben ihren Göden oft als Gegengeschenk einen Brotwecken.

Es stellt sich allerdings die Frage, warum diese Seelengebäcke vielfach geflochten waren. Die Brauchtumsforscher erklären uns hier, dass die Leute früher glaubten, die Seele wohne in unseren Haaren. Der Seelenstriezel stellt einen Haarzopf dar, dadurch verschenkt man symbolisch seine Seele.

In manchen Gegenden wurde der Rosinenteig aber auch als sogenanntes Knaufgebäck gebacken. Ein Knaufgebäck hat auf beiden Seiten zwei Knubbel und schaut ein wenig wie ein großer Knochen aus.

In Bayern und Österreich und teilweise auch in der Schweiz gingen am Vorabend von Allerseelen die Armen und Bedürftigen von Haus zu Haus, um sich einen Allerheiligenstriezel zu erbetteln. Sie klopften an die Haustüren und sagten einen Vers auf:

Bitt gar schön um an Heiligenstriezel,
aber an Weiss'n,
an Schwarz'n kann i net dabeiss'n.
Aber an Langa,
an Kurz'n kann i net daglanga!

Jeder musste etwas geben, denn je größer die Spende war, desto besser würde die Ernte im nächsten Jahr ausfallen. Aber natürlich wollten viele Bauern für die Dahergelaufenen nicht ihr bestes weißes Mehl verwenden und die teuren Zutaten wie z. B. Rosinen. Deshalb gab es verschiedene Heiligenstriezel: schöne saftige, mit reichlich Eiern, Rosinen und Zucker für die eigene Familie und einen groben, festen Striezel aus dunklem Roggenmehl für die

»Dahergelaufenen«, was die Bettler in ihrem Vers sehr trefflich zum Ausdruck brachten.

Die verschiedenen Namen des Gebäcks gaben oft Auskunft über die Form oder die Art der Zutaten. Ein geflochtenes Gebäck war ein Zopfgebäck, und wenn es sich in der Mitte eher verdickte, hieß es »Strützl«. Ein Strützl konnte aber auch ein in der Mitte dickeres Stangengebäck sein. Waren die Zöpfe eher flach geformt, so hießen sie Seelenzelten, da sie an die flachen Zeltengebäcke erinnerten. Wenn der Bäcker sie an den Enden spitz formte, hießen sie in Altbayern, Oberfranken und Schwaben Seelenspitzeln. Waren sie etwa so lang wie ein Wecken Brot, dann nannte man sie Zopfwecken. Aus Semmelmehl gebacken waren es Seelsemmeln oder in Mittenwald Semmelzöpfe. Ein Butterzopf war natürlich aus Butterteig. Hefezöpfe mussten natürlich aus einem Hefeteig geformt werden, und beim Eierzopf waren Eier naturgemäß unumgänglich.

Seelenstriezel

Zutaten

500 g Weizenmehl (Type 550)
175 g lauwarme Milch
40 g Hefe frisch
5 g Salz
50 g Butter
40 g Zucker
100 g Eier (2 Stück)
20 g Eigelb (1 Stück)
abgeriebene Zitronenschale und Vanille
60 g Rosinen

Aus allen Zutaten außer den Rosinen knete ich einen geschmeidigen Teig. Dann nur kurz die Rosinen unterkneten. Anschließend decke ich meinen Teig ab und lasse ihn eine halbe Stunde ruhen. Dann wiege ich Teigstücke à 60 g aus und forme lange Schlangen, um daraus die Zöpfe zu flechten. Je nach Kunstfertigkeit des Bäckers oder Konditors waren die unterschiedlichsten Zöpfe üblich. Beginnend mit dem Einstrangzopf, gibt es vom Zweistrang-, Dreistrang-, Vierstrang- bis zum Achtstrangzopf die verschiedensten Flechtarten. Bis zu 56 verschiedene Flechtarten soll es geben. Sind die Zöpfe geformt, lege ich sie auf ein mit Backpapier ausgelegtes Blech, bestreiche sie mit verquirltem Ei und streue gehobelte Mandeln und Hagelzucker darüber. Jetzt müssen die Seelenstriezel nur noch an einem warmen Ort aufgehen. Wenn die Hefe ihr Werk vollbracht hat, dann schiebe ich die Striezel in den auf 180° C (Umluft) vorgeheizten Ofen. Je nach Größe der Kunstwerke werden sie in 20-30 Minuten goldbraun gebacken.

Berchtesgadener Stuck

Im Berchtesgadener Land wird der Stuck immer noch an Allerseelen gebacken. Allerdings haben einige geschäftstüchtige Bäcker die Stuckzeit deutlich ausgedehnt, so dass dieses traditionelle Allerseelengebäck schon Anfang September in den Läden auftaucht. Wahre Traditionalisten mögen dies zwar verdammen, aber die findigen Bäcker können so ihre Spezialität auch den Sommertouristen anbieten, und diese scheinen den Berchtesgadener Stuck begeistert anzunehmen. Wenn die Supermärkte im Hochsommer die ersten Lebkuchen verkaufen können, dann ist es nur recht und billig, wenn es unser traditionelles Allerseelengebäck auch schon Anfang September gibt. Aber dies sind ja nur Kinkerlitzchen, wenn man bedenkt, dass den Berchtesgadenern mit diesem Gebäck fast die Quadratur des Kreises gelungen wäre. Leider hat sich jedoch der Lehrling beim Absetzen dieser kleinen würzigen Rosinensemmeln verzählt und anstatt 4 Semmeln einfach 6 Semmeln zusammengesetzt. So wurde dann aus dem Quadrat ein Rechteck, und aus war's mit dem Weltruhm.

Der Name Stuck leitet sich wahrscheinlich aus dem Stuckgöd (Stuckgeld) ab, das der God (Taufpate) seinem Patenkind an Allerseelen überbrachte, damit die Mutter ihm etwas dringend Notwendiges kaufen konnte. Die Kinder, die keinen begüterten Paten hatten, zogen von Haustür zu Haustür und trugen ihr Verslein vor:

Bitt goar schö um a Stuck,
dass 's Katzerl net zuckt,
und 's Hunderl net beißt,
dass 's Sackerl net zreißt.

War dies für die Kinder oftmals ein großes Vergnügen, so war es für die Armen vielfach lebensnotwendig, dass sie eine Brotspende bekamen. So wanderten auch sie von Haus zu Haus und bedankten sich mit einem »Vergelt's Gott« für die Gaben.

Zutaten für 30 Stück

- 500 g Weizenmehl (Type 550)
- 150 g Roggenmehl (Type 997)
- 30 g Hefe
- 5 g Salz
- 1 TL Zimt (2 g)
- 1 TL Lebkuchengewürz, fein gemahlen (2 g)
- 1 TL Brotgewürz, fein gemahlen (2 g)
- 1 TL abgeriebene Zitronenschale (5 g)
- 40 g Zucker
- 40 g Butter
- 150 g lauwarme Milch
- 200 g Sauerrahm
- 100 g Eier (2 Stück)
- 40 g Eigelb (2 Stück)
- 250 g Sultaninen

Zuerst wärme ich die Milch etwas an. Dann gebe ich alle Zutaten außer den Sultaninen in eine Schüssel und verknete sie. Anschließend mehle ich meinen Tisch ein wenig, gebe meinen Teig darauf und knete ihn kräftig auf der Tischplatte weiter. So lange, bis ein schöner wolliger Teig entsteht. Jetzt erst werden die Früchte untergeknetet. Dann den Teig abgedeckt 20-30 Minuten ruhen lassen. Anschließend schlage ich ihn zusammen. Decke ihn wieder ab und gönne dem Teig noch einmal eine Pause von 20-30 Minuten. Dann steche ich 30 kleine Teigstücke ab und forme mit den Händen runde Kugeln. Jetzt muss das Runde ins Eckige,

deshalb setzte ich immer 6 Stück aneinander und lege sie auf ein mit Backpapier ausgelegtes Blech. Mit einem verrührten Ei werden meine Berchtesgadener Stuckbrote nun bestrichen. Ich decke sie schön ab und lasse die Hefe arbeiten. Wenn die Stuckbrote ihr Volumen etwa verdreifacht haben, backe ich sie im vorgeheizten Ofen bei 190° C (Umluft) in 16-20 Minuten goldbraun. Wer will, kann sie nach dem Backen noch mit heißer Aprikosenmarmelade und warmem Fondant bestreichen. Am besten schmecken die kleinen Würzlinge mit Butter und Marmelade zum Frühstück.

10. NOVEMBER
Wolfaustreiben

Am 10. November, also am Tag vor Martini, wurden in Bayern traditionell die Wölfe ausgetrieben. Sankt Martin ist ja auch der Schutzpatron der Hirten, deshalb ist es nicht verwunderlich, wenn die Hirten am Vorabend des Martinstages ein besonderes Fest feierten. Das Vieh war bereits sicher im Tal und wieder im Stall untergebracht. Die Hirten richteten sich in ihrem Winterquartier ein und erwarteten ihren wohlverdienten Lohn. Die Bauern mussten ihnen ein großzügiges Mahl spendieren, und als Dank veranstalteten die Hirten bei Anbruch der Dunkelheit ihr Wolfaustreiben. Sie schnallten sich die Kuhglocken um und nahmen auch die »Goaßl« mit. So zogen sie durchs Dorf und durch die Umgebung, ließen die Kuhglocken klingen und ihre Goaßl schnalzen. Dieser Lärm sollte alle Wölfe vertreiben und die Dämonen auch noch gleich mit. Inzwischen gibt es nur noch wenige Orte, die an diesem Brauch festhalten. Dort schnallen sich die Burschen die Kuhschellen um und ziehen mit Lärm und Peitschenknallen durch den Ort. Einige spielen die Hirten, und die anderen stellen die Wölfe dar. Natürlich gehört auch das richtige Sprüchlein dazu, wenngleich es viele verschiedene gibt, die durchaus von Ortschaft zu Ortschaft variieren können:

> *»Buam hat' oidsamt do?«*
> *Wolf: »Ja«.*
> *»Geht koana mehr o?«*
> *Wolf: »Na«.*
> *»Dann riegeld's enk!«*

Die Rinchnacher rühmen sich als Hochburg der Wolfaustreiber und verteidigen seit 2009 auch den Weltrekord im Wolfaustreiben. 1370 Wolfaustreiber läuteten ihre Schellen im gleichen Takt, womit sie bisher unübertroffen sind.

Natürlich gibt es auch ein passendes Gebäck zu diesem Kuhglockengeläute und das sind die Wolfszähne:

Wolfszähne

Zutaten

90 g Butter
120 g Zucker
Mark einer halben Vanilleschote (3 g)
3 g Kardamom
50 g Ei (1 Stück)
60 g Eigelb (3 Stück)
165 g Mehl

Die Butter wärme ich ein wenig an. Sie sollte wachsweich sein, damit ich sie mit Zucker, Vanille und Kardamom schaumig rühren kann. Eier und Eigelbe gebe ich nach und nach dazu. Das Mehl siebe ich und rühre es zum Schluss ganz kurz unter. Jetzt kommt das spezielle Wolfszähneblech zum Einsatz, welches zuerst gefettet und dann gemehlt wird. Mit einem Teelöffel gebe ich kleine Häufchen mit genug Abstand auf das Blech. Im vorgeheizten Ofen (Umluft) werden die kleinen Wolfszähne nun bei 180° C in 8-12 Minuten goldgelb gebacken. Wenn sie ausgekühlt sind, kann man die Spitzen noch in temperierte Zartbitterkuvertüre tauchen.

11. NOVEMBER
Sankt Martin

Am 11. November wird der Martinstag nicht nur in Bayern mit Lichterumzügen gefeiert. Mancherorts ist es sogar noch Brauch, am Vorabend ein Martinsfeuer anzuzünden. Wie der heilige Martin und die Gänse zusammengekommen sind, darüber gibt es zahlreiche Legenden, aber es war schon immer Brauch, am Martinstag eine Gans zu schlachten. Ganselsonntag nannte man den Martinstag, wenn der 11. November ein Sonntag war. Manchmal wurde auch der Sonntag nach Martini so bezeichnet. Auf dem Dorf wurde ein großes Fest gefeiert, und die jungen Burschen führten die Madln zum Tanz und mussten sie auf einen Gansbraten einladen. Wer sich drückte, wurde als Geizkragen verspottet und galt als schlechter Liebhaber.

Sankt Martin, der auf den Namen des Kriegsgottes Mars getauft wurde, steht heute symbolisch für die Nächstenliebe, und an seinem Tag wird ein Fest des Teilens gefeiert. Die Legende:

An einem besonders kalten Wintertag ritt der Gardeoffizier auf seinem Schimmel zum Stadttor von Amiens. Vor dem Stadttor begegnete er einem armen, nur mit Lumpen bekleideten Bettler. Halb erfroren lag dieser im Schnee. Dieser Bedauernswerte hatte schon etliche der Vorüberkommenden gebeten, sich seiner zu erbarmen, aber alle schritten ohne Mitleid vorbei. Martin jedoch zügelte kurzentschlossen sein Ross, und da er nichts anderes hatte, griff er nach seinem Schwert, teilte mit einem Hieb seinen Mantel und reichte die eine Hälfte dem Bettler. Neben dem Spott über seine zerrissene Unform bekam Martin auch noch eine Arreststrafe wegen mutwilliger Beschädigung von Heereseigentum aufgebrummt. In derselben Nacht jedoch erschien ihm Christus, gekleidet in seinen halben Uniformmantel, und sprach zu den Engeln, die ihn umgaben: »Martinus, der noch nicht getauft ist, hat mich mit diesem Mantel bekleidet!« Da wurde es dem Soldaten klar, dass Jesus Christus selbst ihn geprüft hatte. Und er wusste, dass er nicht mehr länger in der Armee dienen konnte.

Schon immer wurde am Tag des heiligen Martin viel gebacken. Eines der bekanntesten Martinsgebäcke ist wohl der Weckmann, der aus dem Rheinland bis nach Bayern gewandert ist. Aber ich habe ein schönes Gebäck aus der Schweiz herausgesucht, das sich natürlich auch wunderbar teilen lässt.

Martinshörnli aus St. Gallen

Zutaten für 11 Stück

Teig
60 g Zucker
110 g Butter
50 g Ei (1 Stück)
20 g Eigelb (1 Stück)
230 g Weizenmehl
10 g Hefe
2 g Salz
45 g Milch (lauwarm)
ein wenig abgeriebene Zitronenschale
etwas Vanille

Füllung
100 g geriebene geröstete Haselnüsse
100 g geriebene Walnüsse
35 g Marzipanrohmasse

30 g Zucker
15 g Honig
100 g heiße Milch
2 g Zimt
20 g Butter
20 g Biskuitbrösel (z. B. Löffelbiskuit)

Für die St. Gallener Martinshörnli brauche ich einen Hefemürbeteig, d. h. einen zucker- und fettreichen Hefeteig. In meiner Bäckerei mische ich dafür einfach einen Hefeteig mit einem Mürbeteig. Zu Hause ist das allerdings unpraktisch, weil man zwei
Teige kneten muss. Deshalb habe ich einen Teig entwickelt, den
man einfach aus allen Teigzutaten wie einen Hefeteig knetet. Diesen decke ich ab und lasse ihn eine halbe Stunde ruhen. Dann
schlage ich den Teig zusammen und stelle ihn für eine weitere
halbe Stunde in den Kühlschrank. In der Zwischenzeit wird die
Füllung bereitet. Hierfür löse ich die Butter in der heißen Milch

auf, gebe dann die restlichen Zutaten dazu und vermische alles gründlich. Dann hole ich den gut gekühlten Hefemürbeteig aus dem Kühlschrank und schlage ihn noch einmal zusammen. Jetzt wiege ich 50 g schwere Teigstücke ab. Zuerst forme ich runde Semmeln und dann rolle ich jedes Teilchen oval aus (20 cm × 8 cm). Mit einem Spritzbeutel spritze ich einen Streifen der Füllung in die Mitte der ovalen Teilchen. Jetzt klappe ich den Teig ein, und dann wird er eingerollt, so dass die Füllung vollständig von Teig umhüllt ist. Die Teilchen werden jetzt zu Hörnchen gebogen und auf ein mit Backpapier ausgelegtes Backblech gelegt. Anschließend pinsele ich meine Hörnli mit Ei an. Wenn das Ei angetrocknet ist, gebe ich noch eine zweite Schicht darauf. Im vorgeheizten Ofen bei 180° C (Umluft) werden die St. Gallener Martinshörnli 15-18 Minuten gebacken, bis sie schön goldbraun sind.

25. NOVEMBER
St. Katharina

Der 25. November ist der Tag der heiligen Katharina. Mit dem Bauernspruch »St. Kathrein stellt den Tanz ein!« soll uns gesagt werden, dass jetzt die Adventszeit anfängt, also »die staade Zeit«.

Die heilige Katharina lebte als Christin in Alexandrien und wurde wegen ihrer Standhaftigkeit zum Tode durch das Rad verurteilt. Das Rad zerbrach jedoch, und sie wurde enthauptet. Nach einer alten Legende brachten Engel ihren Leichnam auf den Berg Sinai und bestatteten ihn dort. Sie gilt als Schutzpatronin der Philosophen. An ihrem Ehrentag beginnt man traditionell mit dem Backen der ersten Plätzchen. In Thorn hat die Heilige sogar ihr eigenes Gebäck, die »Thorner Kathrinchen«, die in der Zeit zwischen dem 25. November und dem ersten Advent gebacken werden. Thorn, heute Torun, liegt in Polen am Ufer der Weichsel zwischen Warschau und Danzig. Als jedoch die Bäcker 1640 die ersten Kathrinchen gebacken haben, war es eine deutsche Hansestadt. Irgendwann, man weiß nicht mehr wann genau, hat irgendein pfiffiger Bäcker den Kathrinchen einen Jüngling zur Seite gestellt, weshalb die Kathrinchen immer mit einem Mann zusammen gebacken werden:

Thorner Kathrinchen

Zutaten
    250 g Honig
    60 g Wasser
    60 g Zucker

40 g Butter
190 g Weizenmehl
190 g Roggenmehl
4 g Backpulver
9 g Natron
3 g Zimt
2 g Kardamom
2 g Ingwer
2 g Nelken

Für das Dekor
halbierte Mandeln
Rosinen
1 Eiweiß
200 g Puderzucker

Wasser, Zucker, Butter und Honig lasse ich einmal kurz aufkochen. Dann muss alles wieder abkühlen, das kann durchaus schon
einmal ein paar Stunden dauern. Wenn alles auf Raumtempera-
tur abgekühlt ist, knete ich Weizenmehl, Roggenmehl, Backpulver, Gewürze und Natron darunter. Dann ist mein Lebkuchenteig auch schon fertig. Diesen Teig schön abdecken und mindestens
einen Tag kalt stellen. Die Betonung liegt auf mindestens, denn
besser ist es, wenn er eine Woche ruhen kann. Dann rolle ich
den Honigkuchenteig 0,5 cm dick aus und schneide mit Scha-
blonen Frauen- und Männerfiguren aus. Meine Pärchen lege ich
auf ein mit Backpapier ausgelegtes Backblech und streiche sie mit
Wasser an. Dann verziere ich sie mit Mandeln und Rosinen. In
9-12 Minuten bei etwa 180° C (Umluft) backe ich sie schön hell-
braun. Dann werden sie verziert. Deshalb schlage ich das Eiweiß
mit der Hälfte des Puderzuckers zu einem steifen Eischnee. Der
Rest des Puderzuckers kommt nun nach und nach dazu. Wenn

der Eischnee schön fest ist, fülle ich ihn in ein Papiertütchen mit einer kleinen Öffnung. Nun werden die Kathrinchen und die Jünglinge schön verziert. Kathrinchen bekommt einen weißen Streifenrock und eine Halskrause, und die Puffärmelchen werden mit Puderzuckerglasur kunstvoll verfeinert. Der Jüngling erhält gestreifte Hosen und weiße Knöpfe auf der Weste. Hier kann man seiner Fantasie freien Lauf lassen. Jetzt muss der Zuckerguss nur noch gut antrocknen. Damit meine Kathrinchen nicht austrocknen, bewahre ich sie in einer Blechdose auf.

4. DEZEMBER
Barbaratag

Die heilige Barbara ist die Schutzpatronin aller, die mit Feuer zu tun haben, außerdem ist sie die Schutzpatronin der Bergleute.

Seit langem gibt es den Brauch der Barbarazweige. Am Barbaratag bricht man einen oder mehrere Zweige ab, vorzugsweise von einem Obstbaum. Wichtig ist, dass die Zweige gebrochen werden, nicht abgeschnitten. Der beste Zeitpunkt dafür ist um Mitternacht. Während des Zweigeabbrechens darf nicht gesprochen werden. Man muss sich ganz auf das Wünschen konzentrieren, denn jeder Wunsch, der zum Zeitpunkt des Abbrechens gedacht wurde, geht in Erfüllung. Man darf den Wunsch niemandem verraten und muss bis Weihnachten warten, ob sich die Blüten öffnen. Je reichhaltiger die Zweige erblühen, desto erfolgreicher wird das nächste Jahr.

Das Barbarabrot ist seit dem 15. Jahrhundert überliefert. Dieses Gebildgebäck gab es in Form eines Blitzes, später auch noch in vielerlei anderen Formen wie Mann und Frau, Hahn und Henne, Vögel oder gekreuzte Bergmannshämmer. Bäcker und Konditoren stellten diese als kleine Kränzchen oder in Holzmodeln gedrückte Gebäcke her. Jeder Angehörige eines Haushaltes sollte ein Stück des Barbarabrotes bekommen. Die Burschen schenkten ihrer Liebsten ein Stückchen ihres Brotes. Diese bewahrte das geschenkte Stück gut auf, da es einem Eheversprechen gleichkam. Kam es zum Streit zwischen dem Paar, so gab das Mädchen ihr Stück an den Burschen zurück. Dies bedeutete die Lösung des Versprechens.

In Rauris im Salzburger Land wurden die Bergknappen mit einem Barbarabrot beschenkt, das aus einem Lebzeltenteig gebacken wurde.

Am Barbaratag wurden auch die ersten Kletzenbrote gebacken. Dieses dunkle Früchtebrot, das hauptsächlich aus getrockneten Früchten und Nüssen besteht, war das Brot der Adventszeit. Kletzen, getrocknete Birnen, dürfen natürlich in diesem saftigen Brot nicht fehlen, schließlich sind sie der Namensgeber. Die Namensforscher sagen uns, dass Kletzen von »Spalten« kommt. Schließlich müssen die Birnen, bevor sie getrocknet werden, erst einmal in Scheiben, also Spalten geschnitten werden. Eigentlich ist der Name Kletzenbrot in ganz Süddeutschland ein Begriff, wenngleich der Augsburger gerne auch Hutzelbrot sagt. Der gebildete Münchner dagegen sagt natürlich Früchtebrot, wogegen der Tiroler gerne Birnzelten bäckt. Neben dem Striezel war das Kletzenbrot in Bayern das eigentliche Weihnachtsbrot. Den Stollen haben erst die Sachsen zu uns gebracht.

Kletzenbrot

Zutaten

250 g Roggenbrotteig vom Bäcker
400 g getrocknete gemischte Früchte
200 g Rosinen
60 g Haselnüsse geröstet, grob gehackt
60 g gestiftelte, geröstete Mandeln
60 g Walnüsse geröstet
3 g Vanille
1 g Zimt
1 g Stollengewürzmischung
1 g Lebkuchengewürzmischung
halbe Mandeln und Dickzuckerfrüchte zum Verzieren

Wenn ich ein schönes saftiges Kletzenbrot backen will, dann muss ich schon mindestens eine Woche vorher die Trockenfrüchte mit den Rosinen einweichen. Sie kommen in eine Box, dann gieße ich so viel Rum darüber, bis die Früchte ganz bedeckt sind, und verschieße die Box.

Am Backtag lasse ich die Früchte in einem Sieb abtropfen. Die Nüsse werden geröstet und grob gehackt. Wenn sie abgekühlt sind, verknete ich alle Zutaten zu einem Teig, aus dem ich runde oder längliche Laibe forme. Alle meine Brote streiche ich mit Wasser an und verziere sie schön mit halben Mandeln und Dickzuckerfrüchten. Ich decke meine Kletzenbrote mit einem Tuch ab und lasse sie an einem warmen Ort eine halbe Stunde gehen. Dann bei 210° C (Umluft) im vorgeheizten Ofen etwa 40-45 Minuten backen. Nach 5 Minuten reduziere ich die Hitze auf 190° C.

6. DEZEMBER
Nikolaus

Im Alpenraum brachte der Nikolaus am Vorabend zum 6. Dezember die Geschenke. Das Christkind kannte man nicht und schon gar keinen Weihnachtsmann. Das Christkind haben uns dann die Protestanten aus dem Norden mitgebracht. Und pragmatisch wie der Bayer veranlagt ist, hat er dann halt einfach zweimal gefeiert und Geschenke verteilt. Mittlerweile kann es in Bayern sogar passieren, dass am 5. Dezember statt des heiligen Nikolaus, der als Geschenkebringer ein Bischofsgewand anhat und seinen Bischofsstab trägt, ein seltsamer rotwangiger, dickleibiger, vollbarttragender, in ein rotes Zwergenkostüm eingezwängter Mann vor der Türe steht und die Kinder mit Hohoho begrüßt.

Der Bischof hatte in Bayern regional unterschiedliche Namen: In Oberbayern und auch in großen Teilen von Österreich kam der Nikolo oder Niklo, die Lechrainer warteten auf den Seneklas, im Ries brachte die Geschenke der Nussmärtl, auf den Rumpelklos warteten die Kinder im Illertal. Im Allgäu und im Oberschwäbischen ging der Santeklas umher, die Franken bescherte der Pelzmärtel, und in der Oberpfalz und in Niederbayern brachte nicht der Nikolaus Äpfel, Nuss und Mandelkern, sondern es tritt am Thomastag der »Thama mit dem Hammer« in Erscheinung. Mancherorts trieb gar die »schiache Luz« ihr Unwesen. Die Schweizer warten auf den Santimichlaus oder Samichlaus. In der Schweiz stellten die Kinder einen Teller voll Nidel (Sahne) für den Samichlaus auf, ein Löffel für den heiligen Mann durfte natürlich nicht fehlen. Dafür erwarteten die Kleinen natürlich Geschenke, die der Bischof in Form von Wecken, Birnwecken, Lebkuchen,

Nüssen, Äpfeln, Mandelkernen brachte. Wenn der Himmel am Abend glutrot gefärbt war, erzählten die Eltern ihren Kindern: »Samichlaus tut bachen.«

Bei uns im Landkreis Fürstenfeldbruck hatte der heilige Mann noch einige garstige Begleiter bei sich. Einer seiner unheimlichen Helfer war der Klaubauf oder gleich zu mehreren, die Klasn, die kettenrasselnd mit rauhen Pelzen bekleidet, den Bischof unterstützten. Ganz außergewöhnlich war für den Brucker Raum eine weibliche Nikolausgestalt, die Kläsin. Diese Schreckgestalt verrichtet jedoch unsichtbar ihr unheimliches Werk. Der Nikolaus hatte in beinahe jeder Gegend unterschiedliche Begleiter. In Österreich war es häufig der Krampus oder der Klaubauf. Kamen sie zu mehreren, waren es die Perchten. Die Appenzeller Kläuse kündigten ihr Kommen mit schweren Kuhglocken an.

Zu Ehren des heiligen Nikolaus hat man in Graz früher am 5. und 6. Dezember Nikolokipferl gebacken:

Nikolokipferl

Zutaten für 70 Stück
210 g Butter
70 g Zucker
3 g Zimt
100 g geriebene Haselnüsse
260 g Weizenmehl
70 g Puderzucker
2 g Zimt

Die Nikolokipferl werden eigentlich genauso gemacht wie Vanillekipferl. Also nehme ich Butter, Zucker und Zimt, verknete das Ganze, füge die Haselnüsse hinzu, und zum Schluss knete ich

das Weizenmehl unter. Ich wickle alles in Folie ein und stelle den Kipferlteig in den Kühlschrank. Nach einer Stunde hole ich ihn heraus und forme kleine Kipferl, die ich auf ein mit Backpapier ausgelegtes Backblech verteile. Im vorgeheizten Ofen bei 175° C (Umluft) backe ich sie etwa 8-10 Minuten. Wenn sie goldgelb sind, hole ich sie heraus, lasse sie etwa eine Minute abkühlen und wälze sie dann im Zimtpuderzucker (70 g Puderzucker mit 2 g Zimt mischen). Wenn die Kipferl dabei brechen, dann sind sie noch zu warm. Wenn kein Puderzucker daran kleben bleibt, dann habe ich sie schon zu lange abkühlen lassen. Also kein so leichtes Unterfangen, denn man muss den genauen Zeitpunkt abpassen.

13. DEZEMBER
Die heilige Luzia

Am 13. Dezember ist der Tag der heiligen Luzia von Syrakus. Obwohl sie eigentlich Sizilianerin war, wird sie vor allem in Skandinavien verehrt. Luzia verschenkte ihr gesamtes Vermögen an die Bedürftigen und weigerte sich, ihren Bräutigam zu heiraten, um sich ganz ihrem christlichen Glauben zu widmen. Der Verschmähte zeigte sie als Christin an, und sie wurde hingerichtet. Als Lichterkönigin ist sie eine Geschenkebringerin, ähnlich wie bei uns der Nikolaus. In Italien kommt sie heimlich in der Nacht. Sie streift mit ihrem Esel um die Häuser und bringt den braven Kindern Süßigkeiten und etwas zum Spielen. Die unartigen Kinder bekommen jedoch nur Kohlen und Asche. Die Leckereien werden in den Stiefelchen der Kinder versteckt.

Im Bayerischen Wald und in der Oberpfalz gab es dagegen die »schiache Luz« (hässliche Luzia), die am 13. Dezember ihr Unwesen trieb und alle in Angst und Schrecken versetzte. Die Kinder wurden zur Artigkeit ermahnt, mit einem Hinweis auf die »schiache Luz«, eine blutrünstige Alte, mit Vogelkopf, Schnabelmaske und einer grässlichen Gesichtslarve. Sie war mit einem langen weißen Kittel bekleidet, hatte verdrehte Schuhe an und drohte, allen Unartigen den Bauch aufzuschlitzen und diesen mit Glasscherben aufzufüllen. Um das Grauen perfekt zu machen, trug sie meist einen Korb voll Glasscherben oder Gedärm und eine blutverschmierte Sichel mit sich. Im Brucker Landkreis kam die »Luzi« sogar noch im 20. Jahrhundert als Nikolausersatz.

Bei uns in Fürstenfeldbruck wird der Luziatag feierlich begangen. Am 13. Dezember findet hier an der Amper das Lichterschwemmen statt. An diesem Abend treffen sich die Kinder mit selbstgebastelten Schiffchen in der Pfarrkirche St. Magdalena. Die Schiffchen sollen Häuser darstellen, sind zumeist wunderschön verziert und im Innern mit einem Teelicht beleuchtet. Viele haben ihr eigenes Wohnhaus nachgebaut. In der Kirche werden die Häuser auf die Stufen des Altarraumes gestellt. Der Pfarrer schildert die Entstehung des Brauches, der auf ein Hochwasser am 13. Dezember 1785 zurückgehen soll. Weil ihre Häuser verschont wurden, gelobten die Brucker, jedes Jahr an Luzia kleine Nachbildungen ihrer Häuser der Amper zu übergeben. Neuere Forschungen haben sogar Belege für diesen Brauch aus den Jahren 1621, 1624 und 1628 gefunden. Auch damals haben die Kinder schon kleine schwimmende Häuser gebaut, die dann nach der kirchlichen Weihe in die Amper gelassen wurden.

Auch heute noch werden die kleinen Hausboote gesegnet, und die hell erleuchteten Häuser werden von ihren Besitzern zum Fluss gebracht. Wunderschön ist es anzusehen, wenn die beleuchteten Schiffchen langsam die Amper hinabtreiben. Natürlich gibt es auch ein Gebäck zu Ehren der heiligen Luzia, die Luzia-Locken. Zwar kommen sie ursprünglich aus Schweden, wo das Luziafest einen größeren Stellenwert hat als bei uns in Bayern, aber zum Fürstenfeldbrucker Lichterschwemmen passen sie auf alle Fälle prima.

Luzia-Locken

Zutaten

1000 g Weizenmehl
80 g Hefe
100 g Zucker
100 g Butter
15 g Salz

400 g lauwarme Milch
80 g Eigelb (4 Stück)
150 g Eier (3 Stück)
200 g Rosinen
abgeriebene Zitronenschale, Vanille und eine Prise Safran

Aus 400 g Weizenmehl, 300 g Milch und 80 g Hefe stelle ich einen Vorteig her. Während die Hefe ihre Arbeit beginnt und der Teig reift, wiege ich mir die anderen Zutaten zurecht. Nach einer Viertelstunde verarbeite ich den reifen Vorteig mit den restlichen Zutaten, außer den Rosinen, zu einem glatten, mittelfesten Hefeteig. Wenn der Teig gut geknetet wurde, gebe ich die Rosinen dazu und knete sie nur ganz kurz unter.

Jetzt darf der Teig noch einmal ruhen. Damit er keine Haut bekommt, habe ich ihn abgedeckt. Nach etwa 20 Minuten nehme ich das Tuch ab und schlage meinen Teig noch einmal zusammen. Dann kann ich mein Luziagebäck formen.

Luzia-Locken

Jeweils 3 gleichlange fingerdicke Rollen formen. Diese übereinanderlegen, die Enden nach unten biegen und die Spitzen so einrollen, dass ein stilisierter Lockenkopf entsteht. Diesen nun mit einem verrührten Ei bepinseln. Abdecken und an einem warmen Ort ruhen lassen.

Luzia-Sonnenräder

Jeweils 2 gleich lange fingerdicke Rollen formen. Diese kreuzweise übereinanderlegen, die Enden zu einem S formen, damit ein Sonnenrad entsteht. Dieses nun mit einem verrührten Ei einpinseln.

Luzia-Semmeln

Einen Teigstrang entgegengesetzt einrollen und mit einem verrührten Ei einpinseln.

Wenn sich die Gebäcke im Volumen verdreifacht haben, bei 185° C
etwa 15-20 Minuten goldbraun backen.

WEIHNACHTEN

Zwei bis drei Wochen vor Weihnachten beginnt in den meisten Familien das große Plätzchenbacken. Wenn die Kinder noch klein sind, werden gern alte Familienrezepte herausgesucht.

Ein altes Rezept ist das Münchner Marzipan, das auch unter dem Begriff Springerle bekannt ist, wenngleich auch die meisten Bäcker oder Konditoren dieses weiße, zarte Gebildbrot schon lange nicht mehr herstellen. Viel zu aufwändig in der Herstellung sind diese kleinen Kunstwerke und deshalb in unserer durchrationalisierten Welt nicht mehr zeitgemäß. Die dazu benötigten Holzmodeln zieren höchstens noch die Wände der Bauernstuben. Dabei könnte man ganze Bücher über die Geschichte und Bedeutung der Holzmodeln schreiben, denn sie waren immer schon ein Stück Zeitgeschichte und damit einem ständigen Wandel unterworfen.

Ursprünglich waren die Springerle ein Opfergebäck für Wotan oder Perchta, deshalb gab man sich natürlich besondere Mühe, um die Götter milde zu stimmen. Sonnenräder, Pferde, Stiere oder Bäume waren darauf abgebildet. Später wurden auch christliche Motive aufgenommen wie Maria und Josef, die Krippe, Ochs und Esel, das Christkind, der Nikolaus, Engel und Hirten. Die Holzmodeln herzustellen war eine Kunst für sich, und in den vergangenen Jahrhunderten sind wahre Meisterwerke entstanden. Auf dem Münchner Christkindlmarkt werden sie heute noch verkauft. Es gehört aber Fingerspitzengefühl dazu, um wirklich schöne Springerle herzustellen, und ein bisschen Zeit muss man sich auch lassen. Springerle müssen unten einen Fuß haben und oben schön weiß sein. Aber wenn man die Formen dann aus dem Ofen holt, dann hat sich die ganze Mühe gelohnt.

Woher der Name Springerle kommt, weiß man nicht genau. Die einen sagen, der Name komme daher, dass das Gebäck beim Backen »aufspringt«, also aufgeht und unten einen schönen Fuß bekommt, andere behaupten, der Name kommt von dem als Motiv besonders beliebten springenden Rösslein.

Diese süddeutsche Spezialität gibt es seit dem 18. Jahrhundert. Zuerst waren die Springerle ein billiger Ersatz für das teure Marzipan. Man nahm statt der teuren Mandeln einfach Mehl, Eier und Zucker. Mancher bezeichnete sie deshalb als Bauernmarzipan oder Eiermarzipan. Und wenn die Springerle bloß als Weihnachtsbaumschmuck hergestellt wurden, nahm man einfach Wasser statt der Eier.

Schnell wurden die Springerle zu einem eigenständigen Gebäck, das sogar oftmals noch kunstvoll bemalt wurde. Wegen ihrer aufwändigen Produktionsweise werden sie allerdings heute kaum noch gebacken.

Springerle

Hier aber nun für alle mein modernes Rezept

200 g Eier (4 Stück)
500 g Puderzucker
Vanille, abgeriebene Zitronenschale
500 g Weizenmehl
Weizenstärke
Anis

Eier, Puderzucker, Vanille und die abgeriebene Zitronenschale auf 50° C im Wasserbad unter ständigem Rühren erwärmen. Anschließend gut schaumig schlagen. Mehl sieben und unterkneten. In Folie einwickeln und über Nacht kalt stellen.

Am nächsten Tag den Teig etwa fingerdick ausrollen (zum Ausrollen Weizenstärke nehmen) und dann in die Springerle-Formen drücken. Den Teig, damit er nicht klebt, mit etwas Weizenstärke bestäuben. Nun die Plätzchen aus der Form klopfen und schön zurechtschneiden. Auf ein Backblech mit Backpapier etwas Anis streuen und darauf die Springerle legen. Nun über Nacht an einem warmen Ort trocknen lassen. Am nächsten Tag bei 155° C 10-15 Minuten backen. Wenn man alles richtig gemacht hat, bekommen sie unten einen schönen Fuß und sind oben noch weiß.

Die Tradition des Plätzchenbackens in der Vorweihnachtszeit gibt es in dieser Form nur bei uns im deutschsprachigen Raum. In fast allen Familien wird Wert darauf gelegt, die Plätzchen selber zu backen.

Eine stichhaltige Erklärung gibt es dafür nicht, aber vielleicht war es einfach so, dass die Bäuerinnen Zeit hatten, denn es stand ja auf dem Feld keine Arbeit an. Außerdem war es in der Küchenstube schön warm und so hat man gemeinsam gebacken.

Oberpfälzer Haferplätzchen

Zutaten für 30 Stück

80 g Butter
120 g Haferfocken
50 g Ei (1 Stück)
80 g Zucker
etwas abgeriebene Zitronenschale
50 g Weizenmehl
3 g Backpulver

Butter und Haferflocken röste ich zusammen in einem Topf etwa 2-3 Minuten unter ständigem Umrühren. Dann stelle ich das Gemisch zum Abkühlen zur Seite.

Ei, Zucker und Zitronenschale muss ich nun gut schaumig rühren. Dann vermische ich alle Zutaten miteinander und setzte kleine Häufchen auf ein mit Backpapier ausgelegtes Backblech. Jedes Plätzchen drücke ich ein bisschen flach. Bei 180° C werden die kleinen Oberpfälzer in 8-11 Minuten nun goldgelb gebacken. Dann muss ich sie nur noch auskühlen lassen.

Wer will, kann sie nach dem Backen noch halb in temperierte Zartbitterkuvertüre tauchen.

24. DEZEMBER
Heiligabend

Vielerorts durfte während der Rauhnächte, also von Weihnachten bis zum Dreikönigstag, nicht gebacken werden. Nach dem alten Volksglauben war jeder Zwischenfall, jedes Missgeschick beim Backen vorherbestimmend, nicht nur für das persönliche Schicksal, nein, für den ganzen Bauernhof. Deshalb wurde vorher mit großer Sorgfalt und in größeren Mengen gebacken. Das Störibrot jedoch, ein früher hauptsächlich im Alpenraum (zwischen Donau, Hausruck und Enns) gebackenes Brot, durfte nur am »Fastenweihnachtstag« also am 24. Dezember gebacken werden, sonst war es keine Störi. Der Name »Stöuri« bedeutet Kraft oder Stärke. Und die sollte man auch bekommen, wenn man die Störi aß. »Iss a wenig a Störi, dass 'd stark wirst oder bleibst«, so lautete eine gängige Volksweisheit. Aber noch etwas machte dieses Brot ganz besonders, das war das sogenannte Vorschussmehl, ein besonderes Roggenmehl, das dafür verwendet wurde. Es ist ein ganz helles Roggenmehl, das sehr fein ausgemahlen wurde; »Störimalter« ist ein alter Name für dieses spezielle Mehl. Leider ist es heutzutage kaum noch zu bekommen, deshalb habe ich ein modernes Störibrot kreiert. Bei mir kommen feine Maronis in den Teig, und Kardamom sorgt für das gewisse Etwas.

Natürlich schimmelt ein solches magisches Brot wie die Störi nicht, so berichtet uns jedenfalls der Volksmund. Sollte das Störi dennoch einmal schimmeln, so kündigt dies den herannahenden Tod eines Hausgenossen an. Um zu erfahren, welches Getreide im kommenden Jahr besonders gedeihen würde, streute der Bauer verschiedene Getreidekörner auf das Störibrot. Die Getreidekör-

ner, die beim Backen nicht verbrannten, versprachen einen guten Ertrag für das kommende Jahr.

Neunerlei Störibrot sollte man kosten, damit das nächste Jahr ein glückliches würde. Und es gab den Brauch, ein Stück Störi mit zur ersten Feldarbeit im Frühjahr zu nehmen und es im Freien zu essen, damit man für die schwere Arbeit genug Kraft hatte.

Störibrot

Zutaten für vier Brote

450 g Weizenmehl (Type 550)
50 g Roggenmehl (Type 997)
8 g Salz
15 g Hefe
40 g Butter
280 g Wasser

4 g Kardamom
200 g gekochte Maroni

Aus allen Zutaten außer den Maroni knete ich einen geschmeidigen Teig. Wenn der Teig schön glatt ist, knete ich die Maroni
unter, die ich vorher zerkrümelt habe. Den Teig gebe ich dann
in eine Schüssel, decke ihn ab und lasse ihn 30 Minuten ruhen.
Nun teile ich den Teig in vier gleich schwere Teigstücke (pro Brot
270 g). Aus den Teigstücken forme ich runde Brote, die ich auf
mit Backpapier ausgelegte Bleche verteile. Dort müssen sie 45 Minuten ruhen. Wenn sich die Brote im Volumen etwa verdreifacht
haben, backe ich sie im vorgeheizten Ofen bei 215° C (Umluft),
mit etwas Wasserdampf, in 25 Minuten goldbraun. Nach etwa 5
Minuten schalte ich die Temperatur auf 190° C herunter.

26. DEZEMBER
Stephanitag

Am 26. Dezember, dem 2. Weihnachtsfeiertag, wird des Diakons Stephanus gedacht. Er wurde wegen seines unverrückbaren Glaubens gesteinigt und gilt als der erste Märtyrer der katholischen Kirche. Symbolisch werden an seinem Gedenktag Pflastersteine gegessen. Dieses Lebkuchengebäck gibt es in zwei verschiedenen Ausführungen: Entweder werden einzelne Pflastersteine in Plätzchengröße gebacken oder man legt mehrere kleine Kügelchen zu einem gepflasterten Plätzchen zusammen. Nach dem Backen werden die Pflastersteine noch mit Zuckerguss überzogen.

Pflastersteine

Zutaten für 15-20 Stück
250 g Lebkuchenteig (siehe Rezept Thorner Kathrinchen)
30 g fein gehackte geröstete Mandeln
20 g Orangeat

Zum Überziehen
weiße Kuvertüre
gehackte Pistazien

Ich knete Mandeln und Orangeat unter den Lebkuchenteig, den ich mir von den Kathrinchen übrig gelassen habe. Aus diesem Teig forme ich dann mehrere Schlangen, von denen ich kleine Stückchen absteche. Hieraus forme ich kleine Kugeln. Entweder lege ich sie in kleine gefettete Ringe (etwa 5 cm Durchmesser) oder

ich gebe jeweils 10 Stück nebeneinander in kleine runde Silikon-
förmchen. Bei etwa 180° C im vorgeheizten Ofen (Umluft) werden die Pflastersteine in 14-18 Minuten goldbraun gebacken. Wenn
sie ausgekühlt sind, kann man sie entweder ganz traditionell mit
Zuckerglasur überziehen oder mit weißer Kuvertüre überziehen
und mit gehackten Pistazien verzieren.

SILVESTER

In der Woche vor und der Woche nach Silvester gab es ein ganz besonderes Brauchtumsgebäck, das nur in den Rauhnächten gebacken wurde, die sogenannten Rauchwecken. Rauchwecken sind Brotlaibe aus Schwarzbrot, die wie ein Fatschenkind geformt wurden und in der Mitte eine Höhlung für die Mettenkerze erhielten.

Der Begriff Rauhnacht kommt übrigens nicht von Rauch, sondern er bedeutet pelzig oder haarig wie beim Rauchwerk der Kürschner. In diesen Rauhnächten »waizt« es, also es geistern die haarigen Teufel herum. Die 12 Rauhnächte waren immer von einem magischen Zauber umgeben. Der Heilige Abend, Silvester, Neujahr und der Dreikönigstag waren die Hauptrauhnächte.

Diese 12 Tage zwischen den Zeiten standen im Zeichen des Brotes. Das Kletzenbrot wurde sogar als Orakel gebraucht: Am Stephanitag gaben die Madln ihrem erwählten Burschen eine Scheibe Kletzenbrot. War diese Scheibe schön glatt, weil das Dirndl den Teig sorgfältig geknetet und gut gebacken hatte, dann wusste der verliebte Bursche, dass in der Beziehung alles in Ordnung ist. Eine zerrupfte Scheibe, aus der die Früchte und Nüsse herauslugten, sollten ihn jedoch nachdenklich machen.

Ein spezielles Gebäck sind die leckeren Neujährchen. Dieses Gebäck aus einem saftigen Hefe-Roggenteig mit feinen Gewürzen und Sultaninen stammt wahrscheinlich ursprünglich aus dem Rheinland. Aber wie der zugewanderte Weckmann an St. Martin, ist auch dieses Gebäck mittlerweile in Puchheim heimisch geworden, und man verschenkt es als Glücksbringer an Silvester. Das Neujährchen wird in der Form einer Doppelspirale gebacken. Die vier Ärmchen stehen symbolisch für die vier Jahreszeiten. Wenn man also ein Neujährchen geschenkt bekommt, dann kann einem weder im Frühjahr noch im Sommer, im Herbst oder im Winter ein Ungemach geschehen.

Natürlich darf man die Silvesterkrapfen nicht vergessen, denn mit einem Schmalzgebäck muss man das alte Jahr beenden und das neue beginnen. Dann hat man immer genug im Schmalztiegel.

Milchküchlein, ein altes Silvestergebäck (Nürnberg 1701)

Das Originalrezept aus: *Herren Freiherr von Hohberg, Des Adelichen Land- und Feld-Lebens*, Nürnberg 1701:

Lasse in einer Pfannen ein Seidlein
oder zwey Maaß der allerbesten
dicken
unabgenommenen Milch siedend werden
saltz un streue schön Waitzen-Meel über dem Feuer in die
    Milch
biß so dick wird
daß man fast nicht mehr rühren kann
rühre so lang biß der Taig schön glat
und sich von der Pfannen ablöst
auch nicht mehr mehlicht schmecket
hernach thue den Taig in ein Beck
behalte ihn in der Wärme
damit er nicht erkalte
schlage so viel frische Eyer
so zuvor in dem Wasser gelegen
daran
daß der Taig dünner wird
als ein Spritzen-Küchlein-Taig
man rechnet gemeiniglich zu einem Seidlein Milch

12. oder 14. Eyer
lege den Taig Löffel-weis ins Schmalz
und bachs hell
sie reisen schön auf

Milchküchlein (modernes Rezept)

Zutaten für 18 Stück

100 g Milch
60 g Butter
70 g Mehl
etwas abgeriebene Zitronenschale
150 g Eier (3 Stück)
20 g Eigelb (1 Stück)

Milch und Butter lasse ich in einem Topf aufkochen. Das gesiebte Mehl rühre ich unter die kochende Flüssigkeit. Jetzt muss ich mit einem Kochlöffel eine Minute lang immer gut umrühren. So lange, bis es einen schönen kompakten Ballen gibt. Dann nehme ich meinen Topf vom Herd. Ich gebe die abgeriebene Zitronenschale dazu und wechsle vom Kochlöffel zum Schneebesen. Mit diesem rühre ich die Eier nach und nach unter. Mit einem Esslöffel forme ich kleine Küchlein, die ich sofort im heißen Butterschmalz goldgelb backe. Wenn sie abgekühlt sind, staube ich die Milchküchlein noch schön dick mit Puderzucker ein.

INHALT

März

April

Erste Auflage 2018. © Insel Verlag Berlin 2018. Alle Rechte vorbehalten, insbesondere das der Übersetzung, des öffentlichen Vortrags sowie der Übertragung durch Rundfunk und Fernsehen, auch einzelner Teile. Kein Teil des Werkes darf in irgendeiner Form (durch Fotografie, Mikrofilm oder andere Verfahren) ohne schriftliche Genehmigung des Verlages reproduziert oder unter Verwendung elektronischer Systeme verarbeitet, vervielfältigt oder verbreitet werden. Fotos mit Geschmack, München: Seite 2, 6, 15, 18, 20, 28, 35, 59, 68, 81, 85, 88, 93, 116, 135, 140, 178. Alle weiteren Abbildungen stammen aus dem Archiv des Autors. Bezugspapier unter Verwendung einer Fotografie von Fotos mit Geschmack, München. Gesetzt in der Schrift Minion. Gedruckt auf holzfreies, alterungsbeständiges Werkdruckpapier der Firma Cordier, Bad Dürkheim, von der Memminger MedienCentrum AG. Gebunden in Fadenheftung von der Conzella Verlagsbuchbinderei GmbH & Co KG, Aschheim-Dornach. Printed in Germany. ISBN 978-3-458-20028-4